KB039299

세상을 흔들어라
콘텐츠의 힘!

세상을 흔들어라 콘텐츠의 힘!

'구독'과 '좋아요'로 여는 십대의 내일

김경선 지음

|주|자음과모음

CONTENTS

콘텐츠는 즐기는 것일 뿐

知之者不如好之者(지지자불여호지자)

好之者不如樂之者(호지자불여락지자)

공자님 말씀이다. 공자는 아는 사람은 좋아하는 사람만 못하고, 좋아하는 사람은 즐기는 사람만 못하다고 했다. 또 서양에는 '천재는 노력하는 사람을 이길 수 없고, 노력하는 사람은 즐기는 사람을 이길 수 없다'는 말도 있다. 모두 가장 강한 사람으로 즐기는 사람을 꼽는다. 그렇다면 우리는 어떨 때 즐기게 될까? '재미' 있을 때다. 재미라는 말은 여러 상황에서 쓰인다. 즐겁고, 신날 때, 뻔하지 않고 새로울 때, 행복할 때, 감동을 줄 때 등등.

재미는 어디에서 나오는 걸까? 어린 시절 나는 끝도 없이 음악을 들었다. 그건 내가 할 수 있는 가장 자유로운 일이며, 가장 재미있는 일이었다. 이어폰을 꼽고 음악을 듣는 그 순간은 버스 안이든, 교실 안이든 상관없이 온전한 나만의 공간이 되었고, 음악에 따라 기분이 기쁘기도 슬프기도 했다. 난 이것이 진정한 음악의 힘이라고 생각했다. 아마 이런 경험은 많은 사람에게 있을 것이다. 그래서 이어폰을 뺄 수 없는 것이며, 좋은 음악을 찾으면 주변 사람에게 들려주고, 공연장을 찾는 것이 아닐까.

이것은 다른 분야에도 해당이 된다. 책을 읽다가 감동적인 글귀에 밑줄을 긋거나 한번쯤 옮겨 적고, 추위와 더위를 마다하지 않고 전시장에 길게 줄을 선다. 이렇게 우리는 재미에 열광하고 있고, 열광의 대상은 바로 콘텐츠다.

콘텐츠라는 말을 사용한 지는 그리 오래지 않았다. 하지만 인간은 콘텐츠를 통해 지배당했고, 콘텐츠에 위로받았다. 선사시대 사람들은 하늘의 이야기를 전한다는 제사장의 말에 복종했고, 천일 동안 여인이 들려준 재미있는 이야기는 독기로 가득한 왕의 마음을 풀어 주었다. 이렇게 콘텐츠에는 인간의 마음을 움직이는 엄청난 힘이 있다. 마음 하나 바꿔 먹으면 세상이 달리 보이는 법이니 콘텐츠의 영향력과 힘을 무시할 수 있을까?

그럼, 콘텐츠는 누가 만드는 것일까? 오랫동안 콘텐츠는 책, 텔레비전, 영화 등 한정된 매체를 통해 전해져 일부 사람들이 만들어 내는 것이었다. 그러나 지금은 다르다. 매체가 다양해지면서 콘텐츠의 영역은 넓어졌고, 누구나 콘텐츠의 주인공이 될 수 있게 되었다. 다만 누가 적극적으로 콘텐츠로 만드냐는 문제만 남아 있다.

나는 청소년들에게 '콘텐츠를 한번 만들어 보면 어때요?'라고 말하고 싶었다. 미래를 고민하고, 걱정하는 친구들에게 콘텐츠라는 영역을 소개하여 그들이 꿈을 더 다양하게 펼쳤으면 좋겠다고 생각했다. 어른들이 만들어 놓은 틀에 맞추려 애를 썼다면, 콘텐츠를 통해 자유로움을 느낄 수 있을 것이다.

이 책의 주인공은 한 소녀다. 소녀에겐 분명 특별한 이름이 있지만 책에서는 한동안 이름보다는 주인공을 '소녀'로 부른다. 그것은 이 책을 읽는 누구나 '소녀'가 될 수 있다는 의미이다.

사회적 약자에 속하는 소녀는 세상에 아무 소리도 내지 못하고 하루하루를 보내다가 우연한 기회에 콘텐츠가 무엇인지 알게 된다. 그러다 자신의 생각을 콘텐츠로 만드는데, 세상을 향한 소녀의 콘텐츠는 많은 사람의 공감을 얻는다. 이 과정을 따라가며 우리도 콘텐츠가 무엇인지, 사람들에게 어떤 영향을 주며, 어떻게 만들어지는지 알게 될 것이다. 그리고 콘텐츠로 이루는 소녀의 성공에 함께 희열을 느낄지도 모르겠다.

소녀의 성공을 떠올리며 이 책을 읽는 나의 어린 친구들이 자신의 꿈을 향해 나아가는 데 힘을 냈으면 하는 바람이다.

2019년 김경선

1장

달팽이가 이어 준
구린 인연

"나도 이 동네에 살아. 그러니까 우리는 오랜 전통으로 보자면 사촌지간이니 두려워하지도, 너무 멀리하려고도 하지 않았으면 좋겠구나."

"사촌지간이요?"

소녀는 사촌이라는 말이 이해가 되지 않아 되물었다.

"헤헤, 이웃사촌!"

소녀는 기가 막혀 헛웃음이 나왔다. 웃는 모습을 본 남자가 목적을 이룬 사람처럼 흐뭇하게 웃었다. 소녀도 그 웃음을 보니 두려움이 조금 사라지면서 마음이 편안해졌다. 소녀의 마음속에 그 남자가 '동네 아저씨'로 자리 잡는 순간이었다.

'할머니? 할머니예요?'

소녀는 벽에 비친 그림자를 보며 생각했다. 창에 비친 달그림자가 또렷하진 않았지만 할머니의 얼굴을 닮아 있었다. 어릴 때부터 할머니와 함께 살았던 소녀는 문득 문득 돌아가신 할머니가 그리웠다. 다른 아이들은 하나님께 기도를 한다는데 소녀는 기도를 해야 할 때면 할머니가 떠올랐고, 하늘로 가신 할머니에게 도와달라고 기도하곤 했다.

소녀는 그림자를 하염없이 바라봤다. 할머니를 바라보는 것처럼. 그러면 그림자에서 어떤 말소리가 들려올 것만 같았다.

'할머니, 오늘 나한테 무슨 일이 있었는지 알아요?'

소녀는 마음속으로 기나긴 이야기를 풀어 놓았다. 그러다 보면 할머니가 말해 주는 것처럼 소녀의 고민에 답이 나오곤 했다. 하지만 그건 할머니의 말이 아니라는 것을 소녀는 알고 있었다. 그건 오랫동안 고민과 고민을 거듭하며 소녀가 얻어 낸 결론이었고, 할머니에게 배운 생각의 방식이었다. 소녀는 하품을 할 때처럼 눈가가 촉촉해졌고, 그 때문인지 달빛 때문인지 그림자는 이내 모양을 바꾸었다. 인자한 할머니 얼굴은 어느새 턱이 길쭉한 사내의 얼굴로 바뀌었다. 턱이 긴 사내는 힘 꽤나 쓸 것 같은 인상이어서 왠지 모르게 두려움이 느껴졌다. 그리고 그 얼굴은 다시 날카로운 마녀가 되었다가 소녀가 가장 무서워하는 쥐로 바뀌고, 다시 정체를 알 수 없는 괴물이 되었다.

소녀는 질끈 눈을 감아 버렸다. 하지만 괴물의 모습은 잔상으로 남아 있었고, 이후 마구 모습이 바뀌었다. 날카로운 이빨이 드러나던 입 속에서 기다란 혀가 매끄럽게 빠져나오더니 활 춤을 추듯이 움직이다가 갑자기 뚝 끊어지고, 이내 커다란 손이 몸통 뒤에서 뻗어 나와 소녀를 잡으려는 듯 다가왔다. 소녀는 고개를 흔들어 댔다. 그림자에서 시작된 소녀의 상상은 스펙터클한 영상으로 변해서 소녀의 머릿속에서 소용돌이쳤다.

혼자 잠을 자려고 누운 소녀의 밤은 늘 이런 식이었다. 소녀는 창틀로 새어 들어오는 달빛과 골목 불빛에 만들어지는 그림자에서, 어지럽게 이어지는 벽지 모양에서 다양한 것을 보았다. 그림자는 시시때때로 바뀌는 것이니 때마다 다른 것을 볼 수 있었고, 벽지는 시작점을 어디로 하느냐에 따라 다른 모습을 볼 수 있었다. 그때마다 소녀는 다양한 인물을 만났고, 다양한 상황에 처했으며, 다양한 경험을 할 수 있었다. 어린아이가 아니니 그것이 자신의 상상이라는 것을 알고 있었지만 간혹은 어떻게 이런 일이 일어날까 싶었다.

~~~~

　소녀처럼 밑도 끝도 없이 상상의 나래를 펴는 것은 이 시대를 사는 청소년에게는 흔치 않은 일이다. 그러니까 소녀의 상황은 다른 아이들과는 다른, 흔하지 않은 상황이라는 뜻이다. 소녀는 열집 중 한 집 꼴이라는 한부모 가정에 속한다. 아버지가 일찍 돌아가시고 소녀는 엄마와 단 둘이 산다. 초등학교 때까지는 할머니도 함께 살아서 적적함이 덜했는데 할머니가 돌아가시고 나서 소녀네는 진짜 한부모 가정이 되었다.

　밥벌이로 바쁜 엄마는 소녀와 함께 하는 시간이 많지 않았다. 엄마는 '나는 밥벌이를 할 테니 너는 알아서 자라거라' 하는 식이었다. 소녀가 다닐 학원을 알아봐 주고, 학생부 관리를 위해 봉사

활동을 해야 한다고 강요하는 일은 없었다. 소녀는 학교생활에 필요한 최소한의 것만 엄마에게 요구했다. 당연히 바쁜 학원 스케줄 따위는 없었다. 학교를 마치고 학원에 가야 하는 친구들은 집으로 향하는 소녀를 부러워했다. 하지만 소녀는 기쁘지 않았다. 남과 다르게 산다는 건 설명할 것이 많은 일이었다. 설명이 필요하다는 건 결국 변명하거나 포장해야 하는 일이라 성가시고, 때로는 비참했다. 소녀는 그때부터 친구들과 어울리는 것을 꺼렸다. 사람의 마음은 말로 하지 않아도 전해지는 경우가 있다. 상대가 나를 밀어내고 있을 때 느껴지는 싸함. 소녀와 친구들은 차츰 멀어졌고, 고등학생이 되면서 소녀는 학교에서 있는지 없는지 모를 먼지 같은 존재가 되었다. 소녀는 그런 자신의 존재가 가끔은 편했고, 가끔은 무척 슬펐다.

"너 학교 안 가?"

언제 들어왔는지 모를 엄마가 소녀를 흔들어 깨웠다. 잠결이었지만 손길은 억셌다.

"어, 어?"

엄마가 다시 소녀를 흔들었다. 그제야 소녀가 눈을 뜨고 시계를 봤다.

"이런! 7시 35분이다!"

소녀는 벼락같이 일어났다. 반에서 지각은 7시 40분부터다. 하지만 8시까지만 도착해도 큰 소란은 없다. 소녀는 서둘러 나갈 채비를 했다. 소녀가 바쁘게 움직이자 엄마는 더 곤히 잠들었다. 늦었지만 딸아이가 학교에 가도록 깨운 것으로 자신의 일은 끝났다는 듯이. 소녀는 그런 엄마를 깨우지 않기 위해서인 것처럼 인사도 없이 집을 뛰쳐나갔다. 아주 잠깐, 지난밤 너무 오래, 새벽까지 잠을 자지 않고 상상을 펼친 것을 후회하면서.

～～～

학교에 있는 동안 세차게 내리던 비는 하교 시간에 맞춘 듯 그쳤다. 소녀는 아파트 정문을 지나서부터는 느릿느릿 걸음을 걸었다. 아침에 이 길을 미친 듯이 뛰었던 것을 보상받으려는 듯이 더 천천히. 느린 걸음은 가끔 소녀가 누리는 호사였다. 학교를 마치고 집으로 가고, 집에 가서도 특별히 할 일이 없기 때문에 부릴 수 있는 여유가 바로 느리게 걷기였다. 그렇게 느린 걸음을 옮기던 중에 소녀는 생각지 못한 것과 마주쳤다.

달. 팽. 이.

땅바닥에 작은 달팽이가 기어가고 있었다. 사람 눈에는 느릿느릿 기어가는 것이겠지만 달팽이 입장에서는 그저 평소처럼 걷고 있는 것일 테다. 소녀는 그 모습이 낯설고 신기해서 그 앞에 쪼그리고 앉았다. 달팽이가 자기 집을 지고 움직인다는 것을 알고 있었지만 실제로 보니 신기했다. 달팽이의 움직임은 부드러웠지만 땅을 짚을 때는 빨판처럼 꽉 움켜쥐는 모습이었다. 달팽이는 그런 몸짓을 쉬지 않고 이어 갔다. 그렇게 반복되는 달팽이의 걸음을 소녀는 넋을 놓고 바라봤다.

"하, 고 녀석 겁 없이 잘도 가네."

소녀는 깜짝 놀라 뒤를 돌아봤다. 그곳에는 꾀죄죄한 모습을 한 남자가 서 있었다. 소녀는 그 모습에 더 놀라 하마터면 바닥에 주저앉을 뻔했다. 소녀는 뛰어난 운동신경을 발휘하여 휘청이는 몸을 바로 잡고 바짝 일어섰다. 갑자기 자기 뒤에 사람이 나타난 것도 놀라운데 그 사람이 남자라니, 그것도 꾀죄죄한. 소녀는 넘어지지 않았지만 괜히 몸을 털었다. 그건 놀란 마음을 감추기 위한 어색한 몸짓이었다.

"내가 너무 놀라게 했나? 미안."

뒤에 선 사람은 하나도 미안하지 않은 표정으로 말했다. 소녀는 그 모습을 힐끗 보고는 아무 말 없이 그 자리를 떴다.

소녀가 누리는 호사 가운데 또 하나는 벤치에 앉아 멍 때리기다. 학교에서 집에 돌아오면 좀처럼 밖에 나가지 않는 편이지만 날씨가 좋으면 벤치에 한동안 앉아 있고는 했다. 그곳에서 음악을 들으면 음악에 따라 소녀를 감싼 공간은 다르게 느껴졌다. 가창력을 자랑하듯 열창하는 곡을 들으면 소녀가 앉은 벤치는 공연장이 되고, 잔잔한 노래를 들을 때면 소녀의 눈앞에는 호수가 펼쳐진다. 그리고 기분이 우울한 날, 노래까지 우울할 때면 벤치 주위의 푸른빛 나무는 보이지 않는다. 온통 까맣다.

그날도 소녀는 이어폰을 꽂고 벤치에 앉아 깊은 심호흡을 했다. 그리고 살랑이는 나뭇가지를 따라 자유롭게 몸을 흔들흔들 움직였다. 주위에는 소녀와 나뭇가지, 바람뿐이라고 여겼기 때문이다. 그런데 그때 쓰러졌던 좀비가 일어나듯이 건너편 벤치에서 사람이 일어났다. 소녀는 자신이 잘못 본 것이 아닐까 싶어 눈에 힘을 주었다. 사람이었다. 꾀죄죄한 사람.

"허허, 우리가 인연은 인연인가 보네."

그 사람은 소녀를 보고 웃었다. 웃을 때 드러난 이가 누런 것이 왠지 입 냄새가 날 것만 같은 느낌이 들어 기분이 상쾌하지 않았다. 하지만 소녀는 애써 태연한 척 가볍게 목례를 했다.

"넌 참 자연을 좋아하는구나. 저번에는 달팽이에 집중하더니 이번에는 나뭇가지네."

소녀는 뭐라고 대답해야 할지 몰라 그냥 듣고만 있었다.

"나도 이 동네에 살아. 그러니까 우리는 오랜 전통으로 보자면 사촌지간이니 두려워하지도, 너무 멀리하려고도 하지 않았으면 좋겠구나."

"사촌지간이요?"

소녀는 사촌이라는 말이 이해가 되지 않아 되물었다.

"헤헤, 이웃사촌!"

소녀는 기가 막혀 헛웃음이 나왔다. 웃는 모습을 본 남자가 목적을 이룬 사람처럼 흐뭇하게 웃었다. 소녀도 그 웃음을 보니 두려움이 조금 사라지면서 마음이 편안해졌다. 소녀의 마음속에 그 남자가 '동네 아저씨'로 자리 잡는 순간이었다.

아저씨는 수다를 좋아하는 사람이었다. 소녀를 만나고 얼마 되지도 않았는데 이야기를 끊임없이 쏟아 냈다. 소녀는 그 이야기를 듣는 것이 싫지 않았다. 아저씨가 해 주는 이야기가 재미있기도 했고, 하루 종일 혼자 있어야 하는 처지라 이야기를 물리치고 집으로 가야 할 이유도 없었다. 어쩌면 아저씨도 자기처럼 하루 종일 혼자 시간을 보내는 사람일지도 모른다는 생각에 이르자, 마치 봉사하는 것 같은 뿌듯한 마음마저 들었다.

2장

목숨을 살린
아라비안 나이트처럼

"<아라비안 나이트>의 흥미로운 이야기는 한 여인의 목숨을 살렸어. 아니, 그 여인의 이야기가 아니었다면 수십, 수백 명이 목숨을 잃었을지 모르지. 이렇게 이야기에는 강력한 힘이 있어. 이야기에 열광하는 인간의 모습은 역사 속에서도 볼 수 있단다."

소녀는 아저씨의 말에 다시 궁금증이 생겨 집중했다.

"고조선을 세운 단군왕검도 제사장이라는 말이 있는데 나라가 세워지기 전부터 제사장은 사람들의 마음을 모아, 마을을 지도하는 지도자였어. 이들이 사람들의 마음을 모을 수 있었던 비결은 하늘의 이야기를 들려주었기 때문이란다."

"여기에도 스토리가 중요한 역할을 하는군요."

"이거 한번 볼래?"

아저씨가 소녀에게 자신의 휴대전화를 건넸다.

소녀와 아저씨는 이제 제법 가까운 말동무가 되었다. 소녀가 학교를 마치고 집으로 돌아가는 길은 아저씨가 뭐를 하는지 알 수 없지만 휴식을 위해 벤치에 나와 있는 시간과 겹칠 때가 많았다. 만날 때마다 아저씨는 다양한 주제로 수다를 떨었고, 소녀는 그 이야기가 재미있었다. 그래서 이제 소녀는 스스럼없이 아저씨의 휴대전화를 볼 수도 있었다. 화면에는 영상이 플레이되고 있었다.

"단편 영화인데 영화를 본 소감이 어떤지 궁금해서 말이야."

아저씨의 말에 소녀는 영상에 집중했다. 집중해서 보아야 의견을 말할 수 있을 테니까. 영상에는 동그라미, 네모, 세모 등 여러

도형이 등장했다. 이리저리 움직이는 도형을 보면서 소녀는 그 의미가 무엇일지 생각했다.

"동그라미는 아이 같아요. 동글동글 쉴 새 없이 구르고 뒹굴면서 놀려고 해요. 둥그니까 경계가 없고, 그래서 어디든 갈 수 있고, 가고 싶어 해요. 호기심이 많지요. 그런데 둥근 동그라미를 네모와 세모가 막아서요. 네모와 세모는 반듯한 면으로 멈춰 서서 좀처럼 움직이지 않아요. 어른들 같네요. 그리고 뾰족한 각으로 서로를 공격하기도 해요. 서로 더 많은 무기를 가지기 위해 각이 늘기도 하고요."

소녀의 말에 아저씨는 놀라는 표정이었다.

"우와, 너 대단하다."

아저씨의 칭찬에 소녀의 입가에 슬며시 웃음이 새어 나왔다.

"네 말대로라면 이 영상은 재미난 영화가 될 수 있겠다. 그런데 이건 사실 그냥 도형의 모습을 찍어 놓은 것일 뿐, 영화가 아니야."

"예?"

"이 영상은 예전에 매사추세츠대학에서 실험한 영상*이야. 서른네 명의 사람에게 이 영상을 보여 주고 느낌이 어떠냐고 물었지. 사람들은 영상을 보고 자신이 느낀 것을 이야기했어. 너처럼

🕊 미디어 및 콘텐츠 산업 분야의 전문가 프랭크 로즈가 쓴 『콘텐츠의 미래』(책읽는 수요일)에서 가져왔다.

많은 사람들이 이 영상에 맞춰 이야기를 만들고 느낌을 말했지. 영상을 보고 단지 도형일 뿐이라고 말한 사람은 단 한 명이었어."

소녀는 그 실험이 어떤 의미를 담고 있는지 몰라 아저씨를 멍하니 쳐다봤다.

"영화라는 말에 사람들이 별다른 의심 없이 따랐다고도 볼 수 있을 거야. 하지만 이 실험을 통해 알게 된 것은 사람은 이야기에 집착한다는 거지. 사람은 어디에든 스토리를 입히려고 하고, 스토리가 있는 것을 좋아해. 그래서 아주 작은 것에도 이야기를 입히곤 한다는 거야. 너도 예외는 아니구나. 그런데 실험과 별개로 넌 아주 좋은 이야기꾼이라는 생각이 드는걸."

단순한 영상을 영화라고 속이고, 동의 없이 자신을 실험한 것에 기분이 나빠지려던 소녀는 이야기꾼이라는 아저씨의 칭찬에 금세 기분이 좋아졌다. 그리고 그 기분에 취해 '제가 초등학교 때 일기를 꽤 잘 쓰긴 했어요.' 하는 자랑까지 늘어놓았다. 그 모습에 아저씨가 큰 소리로 웃었다. 소녀는 속마음을 내보인 듯해서 부끄러웠다. 아저씨는 소녀의 민망함을 눈치채지 못하고 이야기를 이어 갔다.

"나는 사람이란 모두 스토리텔러라고 생각해. 그래서 스토리라고 하면 정신을 못 차리지. 너 어릴 때 『아라비안 나이트』 읽어 봤지?"

소녀가 고개를 끄덕였다.

"『아라비안 나이트』는 초등학생을 위해 쓰인 동화가 아니란다."

"예?"

소녀는 어릴 때 『아라비안 나이트』 동화책은 물론 그중 한 편인 「알라딘」을 영화로도 재미있게 봤던 기억이 있어서 의아했다.

"먼 옛날, 그러니까 6세기 페르시아에서 있었던 일이라고 전해져. 당시 그 나라의 통치자는 샤리아르 왕이었단다. 샤리아르 왕은 여느 왕과 마찬가지로 신하들과 멀리까지 사냥을 나가곤 했어. 그런 날이면 왕궁에 왕이 없어서 신하들에겐 숨통이 트이는 날이 되지. 자유를 느낀 건 왕비도 마찬가지였어. 왕이 없는 틈을 타 왕비는 다른 남자와 바람을 피웠단다. 그런데 하필 그때 사냥을 떠났던 왕이 갑자기 돌아온 거야."

아저씨의 말에 소녀는 자기도 모르게 긴장이 되었다. 왕이라면 나라를 쥐락펴락하는 사람이니 왕비를 가만두지 않았을 것이었다.

"왕비는 어떻게 되었을까?"

소녀의 걱정대로 왕은 왕비와 그 남자를 죽였다고 한다. 그런데 그게 끝이 아니었다.

"왕비로 인해 여성에 대한 불신이 가득해진 왕은 새로 맞은 왕비에게 고스란히 분노심을 드러냈어. 왕비를 맞이하고 하루가 지나지 않아서 죽이는 거였지."

"어머, 아무리 왕이라지만 그건 너무 심한데요."

아저씨의 말에 저절로 소녀의 목소리가 높아졌다.

"맞아, 말도 안 되는 일이지. 그런데 당시에는 그런 일이 가능했단다. 6세기였잖아. 딸을 둔 재상들은 왕이 혹시라도 자기 딸을 왕비로 맞겠다고 할까 봐 두려웠어. 그래서 어떤 사람은 몰래 페르시아를 떠나기도 했단다. 그렇게 여러 왕비가 죽임을 당하고, 세헤라자데라는 여인이 왕을 만나게 되었지. 세헤라자데는 왕에게 재미있는 이야기를 들려주겠다고 했어. 그리고 밤새 이야기를 이어 갔지. 왕은 세헤라자데의 이야기에 날이 새는지도 몰랐어. 다른 여인이었다면 벌써 죽었을 텐데 이야기를 듣다가 죽이지 못한 거지. 그리고 세헤라자데는 결정적인 순간에 이야기를 끊고 다음 날 밤에 계속 들려주겠다고 했어. 왕은 이야기가 궁금해서 그녀를 죽일 생각을 못 하고, 다시 밤이 되기를 기다렸지."

"그럼 그때 세헤라자데가 들려준 이야기가 「신밧드의 모험」「알라딘과 이상한 램프」「알리바바와 40인의 도둑」 같은 이야기인가요?"

"하하, 맞아. 『아라비안 나이트』는 세헤라자데가 무려 천하루 동안 들려준 이야기라고 해. 이슬람의 설화 문학을 대표하는 것으로 세헤라자데의 이야기까지 입에서 입으로 전해져 왔지. 그런데 정말 놀랍지 않니? 매일 밤 왕비를 죽이던 왕이 이야기를 듣기 위해 증오심을 가라앉히고, 재미있는 이야기를 들려주는 세혜라자데를 왕비로 맞아 행복하게 살았다고 하는 게 말이야."

아저씨의 말에 넋을 놓고 듣고 있던 소녀는 페르시아의 왕이 세혜라자데의 이야기에 쏙 빠졌듯 아저씨의 이야기에 자신이 쏙 빠져 있었다는 걸 깨달았다. 인간이 스토리에 열광하고, 모두가 스토리텔러라는 아저씨의 말이 무엇인지 알 것만 같았다.

"『아라비안 나이트』의 흥미로운 이야기는 한 여인의 목숨을 살렸어. 아니, 그 여인의 이야기가 아니었다면 수십, 수백 명이 목숨을 잃었을지 모르지. 이렇게 이야기에는 강력한 힘이 있어. 이야기에 열광하는 인간의 모습은 역사 속에서도 볼 수 있단다."

소녀는 아저씨의 말에 다시 궁금증이 생겨 집중했다.

"선사시대에 제사장이 있었다는 거는 역사 공부 하며 배웠지?"

소녀는 고개를 끄덕였다. 공부에는 흥미가 없는 편이지만 그 정도는 알고 있었다.

"고조선을 세운 단군왕검도 제사장이라는 말이 있는데 나라가 세워지기 전부터 제사장은 사람들의 마음을 모아, 마을을 지도하는 지도자였어. 이들이 사람들의 마음을 모을 수 있었던 비결은 하늘의 이야기를 들려주었기 때문이란다."

"여기에도 스토리가 중요한 역할을 하는군요."

"맞아, 당시 사람들에게 하늘은 고맙고도 두려운 존재야. 큰 비가 내리거나 거센 바람이 불면 살기 힘드니까. 그런 하늘의 이야기를 전해 주는 사람이 바로 제사장이었어. 사람들은 하늘의 이야기를 오직 제사장을 통해 들을 수 있었지."

"제사장의 말이 정말 하늘의 말인지 알 수 없잖아요."

"그야, 그렇지. 하지만 제사장은 사람들에게 꽤 그럴듯하게 이야기를 들려주었기 때문에 큰 혼란은 없었단다. 마을의 제사장은 나이가 많거나 지혜로운 사람이 되었기 때문에 경험을 통해 알고 있는 날씨의 변화를 전해 주었고, 직접 하늘을 관찰하여 날씨의 변화를 예측해 주었으니까. 게다가 청동기시대 유물을 보면 청동 방울이나, 청동 거울 등 화려한 장신구들이 있잖아. 그게 모두 제사장의 장신구였단다. 화려한 장신구는 제사장의 말에 권위를 더해 주었지. 그래서 마을 사람들의 마음을 모아 지도하는 데 큰 문제가 없었던 거야."

"사람들에겐 이야기가 정말 큰 힘이 되는군요."

"그럼, 그럼. 『아라비안 나이트』가 얼마나 오래된 이야기야. 그리스로마 신화도 얼마나 먼 옛날이야기냐고. 하지만 사람들은 이야기를 좋아하고 집중하기 때문에 오늘날까지 전해 올 수 있는 거야. 그리고 그 이야기를 통해 문화를 만들어 나가잖아. 서양 문화를 이해하기 위해서는 그리스로마 신화를 먼저 읽어야 한다고 말해. 읽어 봤니?"

소녀는 고개를 가로저었다.

"필독서라고 하는데 읽다가 말았어요."

"하하, 그랬구나. 암튼 그리스로마 신화는 서양 문화에 근간이 된단다. 간단하게 생각해서 그림만 보아도 신화를 알아야 이해되는 것이 많아. 보티첼리의 〈비너스의 탄생〉은 아주 유명하니까 본 적이 있을 거야."

"조개 위에 서 있는 여인이요?"

"오호, 잘 아네. 바로 그거. 비너스가 신화에 나오는 미의 여신이거든. 신화의 영향력이 뭐 그런 식이라는 거지. 이야기는 생활,

사랑과 아름다움, 풍요의 여신인 비너스가 등장하는 그리스신화에서 영감을 받은 작품으로 산드로 보티첼리가 그린 〈비너스의 탄생〉이다. 이렇듯 스토리는 미술을 비롯한 다양한 영역에 영향을 미친다.

문화, 문학, 역사, 종교 등 많은 것에 영향을 미치지."

"음, 아저씨가 무슨 이야기를 하는지 알 것 같아요. 옛날에는 충분히 그럴 수 있을 거 같아요. 옛날이니까."

소녀의 말에 이번에는 아저씨가 고개를 가로저었다.

"오, 노노. 이야기의 힘은 옛날에만 국한되는 게 아니야. 오늘날에도 이야기의 힘은 여전하지. 제사장이 하늘의 이야기를 전했듯이 지도자나 정치인의 말은 세상을 바꾼단다."

아저씨가 침을 한 번 꼴깍 삼키고 다시 긴 이야기를 시작했다.

"역사 속에서 찾을 수 있는 명연설은 아주 많지만 난 두 사람의 연설에 대해 이야기하고 싶구나. 먼저 마틴 루서 킹의 '나에게는 꿈이 있습니다(I Have a Dream)'*라는 거야."

아저씨는 스마트폰으로 검색한 연설문을 읽어 나갔다.

> 동지 여러분, 저는 오늘 여러분에게 말씀 드리고 싶습니다. 절망의 구렁에 빠져 허우적대지 맙시다. 비록 우리는 지금 고난을 마주하고 있지만 나에게는 꿈이 있습니다. 그 꿈은 아메리칸드림에 깊이 뿌리를 내리고 있습니다. 나에게는 꿈이 있습니다. 언젠가 이 나라가 '모든 인간은 평등하게 태어난다는 사실을 우리는 자명한 진리로

🕊 1963년 8월 28일 노예 해방 100주년을 기념하여 워싱턴에서 열린 평화 대행진에서 미국의 흑인 해방 운동 지도자인 마틴 루서 킹 목사가 했던 연설이다.

받아들인다'라는 이 나라 건국 신조의 참뜻을 되새기며 살아가리라
는 꿈입니다.

나에게는 꿈이 있습니다. 언젠가 조지아주의 붉은 언덕에서 노예
의 후손과 노예 주인의 후손이 형제애라는 식탁 앞에 나란히 앉을
수 있는 날이 오리라는 꿈입니다.

나에게는 꿈이 있습니다. 부당함과 억압의 뜨거운 열기로 신음하
는 미시시피주도 언젠가 자유와 정의가 샘솟는 오아시스가 되리라
는 꿈입니다.

나에게는 꿈이 있습니다. 언젠가 내 아이들이 자신의 피부색이 아
니라 인격으로 평가받는 나라에서 살게 되리라는 꿈입니다.

지금 나에게는 꿈이 있습니다! 나에게는 꿈이 있습니다. 지독한
인종차별주의자가 들끓는 앨라배마, 주지사가 '주권 우위'라느니,
'연방 법령 실시 거부'라느니 하는 말만 떠벌리는 저기 앨라배마에
서도 언젠가 흑인 소년·소녀가 백인 소년·소녀와 형제자매처럼 손을
마주 잡게 되리라는 꿈입니다.

지금 나에게는 꿈이 있습니다! 나에게는 꿈이 있습니다. 언젠가
모든 골짜기가 솟아오르고 모든 언덕과 산등성이가 낮아지며, 고르
지 않은 곳은 평평해지고 굽이진 곳은 곧게 펴질 것이요, '주님의 영
광이 나타나 모든 인류가 그 영광을 함께 보게 되리라'는 꿈입니다.

이것이 우리의 희망입니다. 저는 이러한 믿음을 안고 남부로 돌아갈 것입니다.

　이러한 믿음이 있으면 우리는 절망이라는 산을 깎아 희망이라는 돌을 만들 수 있을 것입니다. 이러한 믿음이 있으면 우리는 이 시끄러운 불협화음을 형제애라는 아름다운 교향곡으로 바꿀 수 있을 것입니다. 이러한 믿음이 있으면 우리는 언젠가 자유로워지리라는 사실을 알면서 함께 일하고 함께 기도하며, 함께 투쟁하고 함께 감옥에 갈 것이요, 함께 자유를 옹호할 것입니다. 그날, 바로 그날 주님의 자녀들은 이 구절에 새로운 의미를 담아 부르게 될 것입니다.

연설문의 일부를 들은 소녀는 고개를 끄덕였다. 당시 인종 차별에 맞서던 간절함이 소녀에게도 전해졌기 때문이었다.

"이 연설문을 듣고 인종차별에 맞서는 흑인들은 힘을 냈고, 인종차별을 했던 백인들은 잘못을 깨달았어. 물론 지금도 무지하게 차별을 일삼는 사람들이 있지만 루서 킹 목사의 이야기는 세상을 바꾸는 큰 역할을 했단다."

"음, 정말 멋진 연설이네요."

소녀가 맞장구를 치자 아저씨는 다시 한 번 침을 꼴깍 삼켰다.

"이 연설문*도 한번 들어 봐."

6411번 버스라고 있습니다.

서울 구로구 거리공원에서 출발해서 강남을 거쳐 개포동 주공 1단지까지 대략 2시간 정도 걸리는 노선버스입니다. 내일 아침에도 이 버스는 새벽 4시 정각에 출발합니다. 새벽 4시에 출발하는 그 버스와 4시 5분경에 출발하는 두 번째 버스는 출발한지 15분 만에 신도림과 구로시장을 거칠 때쯤이면 좌석은 만석이 되고 버스 안 복도까지 사람들이 한 명 한 명 바닥에 다 앉는 진풍경이 매일 벌어집니다.

새로운 사람이 타는 일은 거의 없습니다. 매일 같은 사람들이 탑니다. 그래서 시내버스인데도 마치 고정석이 있는 것처럼 어느 정류소에서 누가 타고 강남 어느 정류소에서 누가 내리는지 거의 다 알고 있는 매우 특이한 버스입니다. 이 버스 타시는 분들은 새벽 3시에 일어나서 새벽 5시 반이면 직장인 강남의 빌딩에 출근해야 하는 분들입니다. 지하철이 다니지 않는 시각이기 때문에 매일 이 버스를 탑니다. 한 명이 어쩌다 결근을 하면 누가 어디서 안 탔는지 모두가 다 알고 있습니다.

그러나 시간이 좀 흘러서 아침 출근 시간이 되고 낮에도 이 버스를 이용하는 사람들이 있고 퇴근길에도 이용하는 사람이 있지만, 그 누구도 새벽 4시와 4시 5분에 출발하는 6411번 버스가 출발점부터 거의 만석이 되어 강남의 여러 정류장에서 5, 60대 아주머니들을 다 내려 준 후에 종점으로

이 연설은 故 노회찬 의원이 2012년 진보정의당의 당대표를 수락하며 했던 연설이다.

향하는지를 아는 사람은 거의 없습니다. 이분들이 아침에 출근하는 직장도 마찬가지입니다. 아들, 딸과 같은 수많은 직장인들이 그 빌딩을 드나들지만, 그 빌딩이 새벽 5시 반에 출근하는 아주머니들에 의해서 청소되고 정비되는 것을 의식하는 사람들은 거의 없습니다.

이분들은 태어날 때부터 이름이 있었지만 그 이름으로 불리지 않습니다. 그냥 '아주머니'입니다. 그냥 청소하는 미화원일 뿐입니다. 한 달에 85만원 받는 이분들이야말로 투명인간입니다. 존재하되 그 존재를 우리가 느끼지 못하고 함께 살아가는 분들입니다. 지금 현대자동차 그 고압선 철탑 위에 올라 있는 비정규직 노동자들도 마찬가지입니다. 23명씩 죽어나간 쌍용자동차 노동자들도 마찬가지입니다. 저 용산에서 지금은 몇 년째 허허벌판으로 방치되고 있는 저 남일당 건물에서 사라져 간 다섯 분도 다 투명인간입니다.

저는 스스로에게 묻습니다. 이들은 '9시 뉴스'도 보지 못하고 일찍 잠자리에 들어야 하는 분들입니다. 그래서 이분들이 유시민을 모르고 심상정을 모르고 이 노회찬을 모를 수 있습니다. 그러나 그렇다고 이분들의 삶이 고단하지 않았던 순간이 있었겠습니까? 이분들이 그 어려움 속에서 우리 같은 사람들을 찾을 때 우리는 어디 있었습니까? 그들 눈앞에 있었습니까? 그들의 손이 닿는 곳에 있었습니까? 그들의 목소리가 들리는 곳에 과연 있었습니까?

그 누구 탓도 하지 않겠습니다. 오늘 우리가 함께 만들어 가는 이 진보

정의당은 대한민국을 실제로 움직여 온 수많은 투명인간들을 위해 존재할 때만이 그 일말의 의의를 확인할 수 있을 것입니다. 사실상 그동안 이런 분들에게 우리는 투명정당이나 다름없었습니다. 정치한다고 목소리 높여 외쳐 왔지만 이분들이 필요로 할 때 이분들의 손이 닿는 거리에 우리는 없었습니다. 존재했지만 보이지 않는 정당, 투명정당. 그것이 이제까지 대한민국 진보정당의 모습이었습니다. 저는 이제 이분들이 냄새 맡을 수 있고, 손에 잡을 수 있는 곳으로 이 당을 여러분과 함께 가져가고자 합니다. 여러분 준비되셨습니까?

연설문을 듣는 소녀의 눈이 동그랗게 커졌다. 누군가 자기 엄마를 대신해 이야기를 해 주는 것 같았다.

"이 연설은 돌아가신 노회찬 의원의 연설이야. 이 연설 덕분에 투명인간으로 취급받던 우리 이웃들이 세상에 드러났지. 6411번 버스 이야기로 가난한 사람, 비정규직으로 일하는 사람의 인생에 우리 사회가 관심을 가져야 한다고 알려 주었어."

소녀는 천천히 고개를 주억였다.

"이야기에는 힘이 있어. 오늘날에는 이런 이야기를 콘텐츠라고 부르지. 콘텐츠의 힘과 역할은 지금도 변함이 없지. 어쩌면 다양한 형태로 만들어질 수 있어서 그 역할은 더 커졌을지 몰라. 어떤 사람은 공자 사상을 시대와 지역을 뛰어넘는 최고의 콘텐츠라고 말해. 나도 공자처럼 멋진 콘텐츠의 주인공이 되고 싶다는 꿈을 갖고 있지.”

루서 킹과 노회찬 의원의 연설문으로 한껏 감동에 젖었던 소녀는 아저씨의 공자 타령에 얼굴을 찡그렸다.

“갑자기 공자가 되고 싶다니, 무슨 말이에요?”

“그게 아니라 공자처럼 콘텐츠를…….”

소녀가 벤치에서 일어섰다.

“왜? 가려고?”

“예, 오늘 수다 잘 듣고 갑니다.”

소녀는 가방을 집어 들고 뒤도 돌아보지 않고 자리를 떴다. 열변을 토하듯 수다를 쏟아 냈던 아저씨도 헛기침을 두어 번 하고는 벤치에서 일어섰다. 하늘이 붉은 기운으로 가득해지고 있었다.

3장

별의별 콘텐츠!

"저는 어른이 되면 꼭 스페인에 가서 가우디의 건축물을 눈으로 확인하고 싶어요. 이건 초등학교 때 가우디 전기를 읽으며 다짐했던 제 꿈이지요."

"하하, 그런 꿈이 있었구나. 그런데 너와 비슷한 꿈을 가진 사람이 세계에는 아주 많단다. 그래서 해마다 많은 관광객들이 스페인을 찾지. 가우디가 남긴 건축이라는 콘텐츠가 스페인의 중요한 자산이 되어 오늘날까지 어마어마한 경제 효과를 낳는 거야. 그런 걸 생각하면 콘텐츠는 정말 대단하지 않니?"

"아까부터 콘텐츠, 콘텐츠 하시는데 그게 정확하게 뭐죠?"

교실은 요란했다. 아이들은 창의체험활동을 위한 모둠을 짜기 위해 삼삼오오 모였다. 창의체험활동 평가는 결과에 따라 상도 받을 수 있어서 대학 입시를 준비하는 고등학교 과정에서 시험 못지 않게 중요한 활동으로 여겨지곤 했다. 창의체험활동은 모둠을 꾸려서 하고, 모둠에 속한 모든 학생에게 상이 주어지기 때문에 아이들은 은근히 자기보다 성적이 좋은 아이와 활동을 하고 싶어 했다. 또 공부 잘하는 아이들에게 상을 몰아준다는 소문 때문에 성적이 좋은 아이들은 좋은 아이들끼리 모둠을 하고 싶어 하기도 했다. 그래서 창의체험활동 모둠 짜기에 반 아이들은 신경을 곤두세우고 있었다.

　"자, 자 모두 자리에 앉아요!"

이리저리 움직이며 모둠 짜기에 바쁜 아이들을 담임 선생님이 진정시켰다.

"창의체험활동은 1학년 때도 해 봐서 잘 알고 있을 거야. 수시 준비에 필요한 일이라고 생각할 텐데 그런 측면뿐만 아니라 친구들과 어울려 새로운 경험을 해 보는 좋은 기회야. 그래서 우리 반은 한 명도 빠지지 않고 참여했으면 해. 알겠지?"

"아, 예예."

아이들 중 한 아이가 '선생님 말씀이 늘 그렇지요' 하는 듯 건성으로 대답을 했다.

"당장은 귀찮은 맘도 있겠지만 지나고 나면 좋은 추억이 될 거야. 뻔한 얘기처럼 들리겠지만 뻔한 건 다 그만한 이유가 있으니 선생님 말 좀 들어주라, 알겠지? 회장은 한 명도 빠짐없이 참여하도록 중간에서 역할 잘하고."

선생님은 다시 한 번 당부를 하고, 아이들이 편하게 모둠을 정할 수 있도록 교실을 나갔다. 아이들은 자리에서 일어나 이리저리 움직이며 모둠을 정했다. 그리고 모둠이 완성되면 명단을 적어서 회장인 화주에게 가져다 냈다. 회장은 명단을 꼼꼼하게 살폈다. 반 아이들 모두가 참여하게 하라는 담임 선생님의 말씀대로 하기 위해서였다.

"한 명도 빠짐없이 다 됐네. 모둠 짜기 끝!"

화주는 홀가분한 얼굴로 만세를 불렀다.

〰〰

'한 명도 빠짐없이 되었다고?'

땅바닥에 코를 박을 듯이 고개를 푹 숙이고 걷는 소녀의 머릿속에는 회장의 말이 자꾸만 떠올랐다. 애초에 창의체험활동을 할 생각은 손톱만큼도 없었지만 한 명도 빠짐이 없다는 말은 아프게 느껴졌다.

'한 명도 빠짐이 없다고? 난 안 했는데, 그럼 나는 뭐지?'

집에 오는 내내 '한 명도 빠지지 않았다'는 말을 곱씹었다. 그러다 소녀는 자신이 괜한 생각을 하고 있다는 것을 깨달았다. 괜한 생각을 하고 있다는 생각. 생각은 이렇게 늘 꼬리에 꼬리를 물고 이어지는 식이었다. 소녀는 생각을 몸에서 떨치려는 듯 세차게 고개를 흔들었다. 사람의 생각은 머릿속에서, 뇌에서 이루어진다고 말들 하지만 소녀는 생각이란 건 온몸이 하는 것만 같았다. 답답하다며 아픈 줄도 모르고 제 가슴을 치는 사람을 볼 때면 그 사람이 자신의 슬픈 생각을 원망하며 때리는 것만 같았다. 그때였다.

"호, 호 혹시, 잠깐만!"

누가 등 뒤에서 다급하게 부르는 소리가 들렸다. 소녀는 깜짝 놀라 멈춰 섰다. 소녀를 부른 건 회장 화주였다. 화주는 얼마나 뛰어온 건지 숨을 헐떡이고 있었다.

"헉헉, 왜 전화는 안 받는 건대. 아이고, 숨 차라."

소녀와 눈이 마주치자 화주는 가쁜 숨을 쉬면서도 활짝 웃었다.

"네가 왜?"

소녀는 화주의 등장이 의아했다.

"할 얘기가 있어서. 내가 너한테 실수했잖아."

화주는 소녀를 향해 성큼성큼 걸어왔다. 늘 그렇듯이 힘이 넘치는 발걸음이다. 화주는 소녀에 비하면 키가 10센티미터는 넘게 크다. 키만 큰 게 아니라 한창 클 때라며 참지 않고 먹어서 몸집도 웬만한 남자아이에 밀리지 않았다. 화주는 마음 씀씀이도 큰 편이라 반 아이들은 대부분 화주를 좋아했고 그 덕분에 해마다 반에서 회장을 맡았다. 또래들이 믿고 따르는 아이였다. 소녀는 다가오는 화주를 멀찍이 쳐다만 보았다. 실수했다는 말이 무슨 뜻인지 감이 오지 않았다.

"여기가 네가 사는 아파트구나. 나무가 많아서 좋네."

화주는 멀뚱히 쳐다만 보는 소녀에게 무슨 말을 먼저 해야 할지 몰라 괜히 주위를 둘러보며 나무 얘기를 했다. 소녀는 화주가 자기네 집 근처까지 찾아온 것이 불편했다. 나무가 많아서 좋다는 인사도 그저 오래된 아파트라 건물은 낡고, 나무는 그 시간만큼

자랐다는 의미로 밖에는 느껴지지 않았다. 게다가 몇 동이냐에 따라 평수가 드러나고, 드러난 평수로 간단하게 경제력까지 간파되는 것이 요즘 세상이니 초대하지 않은 사람의 방문은 반갑지 않았다. 어색한 기운이 계속 되자 화주가 다시 입을 뗐다.

"창체, 창의체험활동 말이야. 네가 어느 모둠에도 가입하지 않아서."

"아, 그거. 난 관심 없어서."

소녀는 간단하게 대답하고 돌아섰다. 자기 차지가 될 수 없을 때 보이는 방어적 행동이었다. 내가 먹을 수 없는 처지일 때는 배가 고프지 않다고 하고, 쉴 수 없는 처지일 때는 힘들지 않다고 하고, 입을 수 없는 처지일 때는 자기 스타일이 아니라고 하고. 따로 규칙을 정하지는 않았지만 소녀는 자기 처지에 맞게 그런 식으로 대처를 했다. 그러다 보니 대외적으로 싫어하는 음식의 수가 늘어나고, 관심 없는 것도 늘어났다.

"에이, 그러지 말고 같이 하자. 아까 내가 네게 실수했다고 했잖아."

"무슨 실수?"

"네가 모둠 안 정했는데 내가 그걸 모르고 마감해 버린 거 말이야."

"괜찮아. 그게 무슨 실수야. 내가 원하지 않은 건데."

"그러지 말고 나랑 같이 하자. 응?"

화주는 적극적으로 소녀를 설득하려 들었다.

"어허, 너희 왜 그러는 거야?"

언제 나타났는지 후줄근한 모습을 한 아저씨가 소녀와 화주에게 다가와 물었다. 아저씨의 꾀죄죄한 모습 탓이었는지 화주는 아저씨에게 우리 일이니 상관 말라는 말을 조금 예의를 갖춰서 단호하게 말했다.

"아실 거 없다니, 지금 이 상황이 나만 불편한 건가? 내 눈에는 꽤 우려가 되는데? 너 혹시 가출팸이라도 찾는 거 아니야? 같이 가출하자고 꼬드기는 거지?"

아저씨가 의심의 눈초리로 속사포처럼 질문을 쏟아 냈다.

"가출팸이라니요? 아저씨, 가출팸이 뭔지나 알고 그런 말씀 하시는 거예요?"

화주도 지지 않고 맞섰다.

"알지. 가출한 애들끼리 모여서 가족처럼 사는 거잖아. 하지만 말이 가족처럼 사는 거지 실상은 위험하기 짝이 없잖아. 어린 청소년들이 돈벌이를 할 수 없으니 자기도 모르게 나쁜 일에 휘말려 단순한 가출이 아니라 범죄를 저지르기도 하고, 여학생들은 더 위험한 일에 빠지기도 하고 말이야."

"맞아요. 그러니 우리한테 가출팸이니 뭐니 그런 말 쉽게 하지

마시라고요."

화주가 방점을 찍듯 또박또박 말했다. 하지만 아저씨는 여전히 의심을 풀지 않았다.

"얘들아, 그럴 게 아니라 우리 저기 벤치에 가서 얘기 좀 하자."

아저씨는 평소 소녀와 이야기를 나누던 벤치로 향했다. 화주도 소녀와 할 이야기가 남았던 터라 벤치로 발걸음을 옮겼다. 세 사람이 벤치에 둘러앉았다. 아저씨가 먼저 말을 시작했다.

"얘들아, 학교생활이 녹록지 않지? 할 공부도 많고, 경쟁도 치열하고. 게다가 요즘에는 학교에서 열리는 각종 대회 준비까지 해야 해서 더 바쁘다지? 대회에서 상을 타야 학생부를 멋지게 꾸밀 테니 말이야. 쯧쯧. 그래도 가출은 답이 아니란다."

"아저씨 말씀이 줄줄이 맞아요. 그런데 마지막은 땡! 이에요. 우린 가출할 생각 전혀 없어요."

화주가 아저씨의 가출 타령에 답답하다는 듯 말했다. 그러자 쭉 침묵하던 소녀가 입을 열었다.

"생각으로는 뭐든 할 수 있는 거 아니야? 왜 가출은 생각 속에 없어야 하지? 난 가출에 대해 생각하는데."

소녀의 말에 화주와 아저씨가 동시에 소녀를 쳐다봤다. 그리고 아저씨는 그럴 줄 알았다는 듯 말했다.

"그래 생각은 정말 자유지. 그런데 가출 말고도 재미있는 생각

거리가 얼마나 많은데. 청소년기에는 가출을 통해 자신을 설명하려는 아이들이 있어. 하지만 자신을 설명하기 위한 다른 방법을 생각해 봐. 며칠 전에 내가 콘텐츠에 대해 이야기했잖아?"

아저씨의 말에 화주가 소녀를 쳐다봤다.

"이 아저씨 아는 사람이야?"

화주의 물음에 아저씨가 먼저 답했다.

"나? 얘 사촌이야."

사촌이란 말에 화주의 눈이 둥그레졌다.

"사촌 오빠셨군요. 제가 버릇없이, 안녕하세요?"

화주가 서둘러 아저씨에게 꾸벅 인사를 했다. 그러자 아저씨가 손사래를 치며 웃었다.

"아이고, 오빠 소리 정말 오랜만에 듣네. 히히."

히죽이는 아저씨를 보며 이번에는 소녀가 손사래를 쳤다.

"이 아저씨 사촌 오빠 아니야. 이웃사촌이라면서 늘 이렇게 말한다니까."

"아, 이웃사촌?"

공손하게 두 손을 앞으로 모으고 있던 화주가 어정쩡하게 손을 풀었다. 하지만 아저씨는 소녀와 화주의 표정에는 아무 상관없다는 듯이 이야기를 이어 갔다.

"그건 그렇고, 계속 이야기를 하자면. 오랜 옛날부터 사람은 자신의 존재를 설명하기 위해 애를 썼지. 그래서 설화가 있고, 신화가 있는 거야. 세상이 어떻게 생겨났는지 궁금하던 인간은 이야기를 만들고. 그래서 나라마다 세상이 만들어지던 때의 이야기, 창세 설화가 있지. 이것은 자신을 설명하는 데도 고스란히 적용이 되지. 인간은 자신을 설명하기 위해 이야기를 시작했어. 우리가 알고 있는 건축가나 디자이너 그리고 수많은 예술가들은 건축물로, 패션으로, 작품으로 자신의 생각과 가치를 드러냈지."

소녀는 늘 그랬듯이 아저씨가 또 재미있는 이야기를 시작했다고 생각했다. 그리고 화주는 랩을 하듯 쉼 없이 쏟아 내는 아저씨의 말투가 재미있어서 이야기에 호기심이 생겼다.

"건축가 중 떠오르는 사람 있어?"

아저씨의 질문에 소녀가 '가우디'*라고 답했다.

"그래, 가우디에 대해 얘기해 볼까? 가우디는 천재 건축가로 불려. 그가 생각하는 건축의 의미를 실제 건축물로 잘 표현했기 때문이야. 그는 당시 사람들, 어쩌면 오늘날 사람들까지도 생각하지 못한 건축물을 만들어 냈지."

🕊 안토니오 가우디는 에스파냐의 건축가로 벽과 천장에 곡선미를 살리고 섬세한 장식과 색채를 사용했다. 구엘 공원, 구엘 저택, 카사 밀라는 유네스코 세계유산에 등재되었으며 사그라다 파밀리아 성당은 가우디 건축의 백미로 꼽힌다.

"구엘 공원이나 카사 밀라* 같은 것들이요?"

화주의 말에 아저씨가 '빙고'를 외쳤다.

"가우디는 건축을 하는데 나름의 원칙이 있었어. 자연을 최대한 해치지 않는다는 거야. 커다란 바위가 있으면 바위를 돌아가는 길을 만들고, 냇물이 있으면 냇물의 모습을 살려서 꾸미는 거야."

"그런 거 같아요. 사진으로 보았지만 카사 밀라에서 일렁이는 파도가 느껴졌거든요. 그러니까 자연의 모습을 건물 모양에 담은 것이라고 할 수 있을 거예요."

아저씨는 화주를 향해 이번에는 엄지손가락을 들어올렸다. 최고라는 의미였다. 소녀는 그럴 줄 알았다는 듯 고개를 끄덕였다. 평소 소녀와 화주가 친한 편은 아니었지만 멀리서 보아도 화주는 꽤 똑똑하고 멋진 아이였기 때문이다. 화주는 어느새 아저씨와 편하게 소통하고 있었다.

"저는 어른이 되면 꼭 스페인에 가서 가우디의 건축물을 눈으로 확인하고 싶어요. 이건 초등학교 때 가우디 전기를 읽으며 다짐했던 제 꿈이지요."

"하하, 그런 꿈이 있었구나. 그런데 너와 비슷한 꿈을 가진 사람이 세계에는 아주 많단다. 그래서 해마다 많은 관광객들이 스페인

🪔 카사 밀라는 가우디가 건축한 고품격 맨션으로 바르셀로나의 중심가인 그라시아 거리에 접해 있으며 구불구불 물결치는 듯한 외관이 특징이다.

가우디가 남긴 건축이라는 콘텐츠를 즐기기 위해 해마다 많은 관광객이 스페인을 방문한다.

을 찾지. 가우디가 남긴 건축이라는 콘텐츠가 스페인의 중요한 자산이 되어 오늘날까지 어마어마한 경제 효과를 낳는 거야. 그런 걸 생각하면 콘텐츠는 정말 대단하지 않니?"

"아까부터 콘텐츠, 콘텐츠 하시는데 그게 정확하게 뭐죠?"

화주가 교실에서처럼 손을 번쩍 들고 물었다.

"정확하게라……. 콘텐츠라는 말은 내용, 목차라는 뜻이 있는데, 딱 잘라 이건 콘텐츠고 저건 콘텐츠가 아니라고 선을 긋기는 어렵고. 일반적으로 콘텐츠라고 하는 건 창작물을 뜻한단다. 앞서 말한 것처럼 건축도, 패션도, 글과 그림, 음악 등이 콘텐츠가 될 수 있어. 요즘에는 흔히 동영상, 게임, 웹툰 같은 것들을 콘텐츠라고 일컫지."

아저씨의 설명에 알겠다는 듯 소녀와 화주가 고개를 끄덕였다.

"그러니까 너희 가출하려고 하지 말고 재미있는 콘텐츠를 즐기렴. 직접 만들어도 좋고."

"아이, 우리 가출하려고 한 적 없어요. 자꾸 왜 가출, 가출 하세요."

화주가 정색을 하며 말했다.

"그런데 너희 조금 전 표정이 둘 다 별로던데. 무슨 일 있었니? 한 명은 고개 푹 숙이고 걷는 게 평소보다 어두워 보였고, 또 한 명은 급하게 달려오는 모양이 여간 요란한 게 아니었다고."

"그건, 제가 애한테 실수한 게 있어서 그랬어요. 학교에서 창체 활동을 같이 해야 하는데 제가 실수로 이름을 적지 않아서."

화주는 모든 잘못이 자기에게 있다고 말했다. 따지고 보면 그건 정확한 사실이 아니다. 하지만 화주는 진심으로 그렇게 느끼는 것 같았고, 그런 화주의 모습에 소녀는 마음이 말랑말랑 따뜻해지는 느낌이 들었다.

"그랬던 거구나. 실수야 바로잡으면 되지 뭐. 근데 창체가 뭐야?"

"창의체험활동이요. 자유롭게 주제를 정해서 체험활동을 하는 거예요. 활동한 내용은 보고서로 만들어야 하고요."

"그래? 그거 재미있겠네. 근데 뭘 할 거니?"

아저씨의 질문에 화주가 소녀를 바라봤다. 소녀도 해 줄 말이 없어서 그냥 눈만 깜빡이고 있었다.

"너희만의 콘텐츠를 만들어 봐. 너희는 디지털 원주민*이니까 쉽게 할 수 있을 거야."

"디지털 원주민이요? 인디언도 아니고 무슨 원주민이에요?"

"정작 너희는 너희 자신이 디지털 원주민이라는 걸 모르는구

미국의 교육전문가인 마크 프렌스키가 처음 발표한 용어로 태어나면서부터 디지털 언어와 장비를 사용해 디지털적인 습성과 사고를 지닌 세대를 말한다. 반면 아무리 노력해도 아날로그적 취향이 배어 있는 1980년대 이전에 태어난 세대를 디지털 이주민이라고 한다.

나. 하긴 그런 건 원주민이 아닌 사람들 눈에 더 쉽게 보이는 거겠지. 태어날 때부터 인터넷, 스마트폰, 디지털 미디어에 익숙한 세대를 그렇게 불러. 아주 어릴 때부터 디지털을 접한 바로 너희 세대 말이야. 디지털 원주민인 미국의 중고생들은 하루 평균 약 여덟 시간 정도 인터넷을 사용한대. 가만히 생각해 보면 너희도 그 정도 될 거야. 게임에 빠진 아이들이라면 여덟 시간은 훨씬 넘을 거고 말이야. 안 그래?"

"뭐 매일 웹툰 찾아보고, 짬 날 때마다 스마트폰으로 유튜브 동영상 보고, 공부할 때 음악 들으면서 할 때도 있으니까 그 정도는 되겠네요."

화주가 순순히 수긍했다.

"디지털 원주민에게 콘텐츠는 공기랑 같구나. 이러니 내가 콘텐츠를 연구할 수밖에."

"예?"

"아, 아니야. 아무튼 너희도 콘텐츠를 만들어 보라고."

아저씨가 서둘러 말을 마무리 지었다. 화주는 아저씨의 말을 듣고 콘텐츠에 관심이 생겼다. 어쩌면 진짜 콘텐츠를 만들 수 있을 것도 같았다. 이런 화주의 마음을 눈치채기라고 한 것처럼 아저씨가 말을 이었다.

"콘텐츠라고 뭐 거창한 걸 말하는 게 아니야. 저기 103동에 사는 아이가 있는데 걔가 비트 박스를 잘해. 초등생치고는 아주 잘하지. 그 녀석이 친구들 앞에서 비트 박스를 했더니 친구들이 깜짝 놀라더라는 거야. 그 녀석은 학교에서 아주 스타가 됐지. 쉬는 시간이면 친구들이 몰려와서 비트 박스 좀 들려 달라고 조르고, 어떤 친구는 자기도 비트 박스 좀 가르쳐 달라고 부탁하더라는 거야. 처음에는 신이 나서 비트 박스도 들려주고 자기가 어떻게 소리를 내는지도 알려 줬지. 그 덕에 나도 이 벤치에 앉아 있다가 그 아이의 비트 박스를 듣게 되었고. 그런데 시간이 갈수록 비트 박스를 보고 싶다는 사람이 늘고, 배우고 싶다는 사람도 늘어서 감당이 안 되는 거야. 그래서 이 아이가 어떻게 했는지 아니?"

"어떻게, 어떻게 했는데요?"

화주가 궁금해하며 다급하게 물었다.

"유튜브에 비트 박스 동영상을 올렸지. 비트 박스 소리 내는 법도 설명해서 올리고. 유튜브가 처음 만들어진 계기랑 어쩌면 그리 딱 맞는지 말이야."

"그게 무슨 말이에요?"

이번에는 소녀가 물었다. 아저씨는 듣는 사람이 이야기에 집중할 수밖에 없도록, 듣는 사람이 감질나게 이야기를 중간중간 끊어서 했다. 아저씨는 궁금할 줄 알았다는 듯 다시 이야기를 이었다.

"유튜브가 만들어지게 된 건 한꺼번에 여러 사람에게 동영상

유튜브는 한꺼번에 여러 사람에게 동영상을 보내는 방법을 모색하다가 개발되었다.

을 보내는 좋은 방법이 있었으면 좋겠다는 생각에서 출발했어. 미국의 페이팔* 직원이었던 채드 헐리, 스티브 첸, 조드 카림은 생일 파티 동영상을 여러 친구들에게

각각 보내려니 번거로웠어. 한곳에 올려서 누구나 찾아와 보면 편하지 않을까 생각하다가 유튜브를 만들었지. 유튜브는 당신(You)과 브라운관(Tube)을 모아서 만든 말로 '당신이 올린 영상을 편하게 볼 수 있는 공간'을 의미해. 그러니까 그 아이가 자신의 비트 박스 영상을 주위 여러 사람들이 편하게 볼 수 있게 유튜브에 올린 건 아주 적절한 선택이었지. 물론 내가 유튜브에 올려 보라는 조언을 해 줬지만 말이야."

"와아, 그 아이 정말 대단하네요. 유튜브에 영상을 올렸다니 한번 찾아봐야겠어요. 아, 그러고 보니 그 아이는 유튜버*, 크리에이터*가 된 거네요."

🪔 세계적으로 사용되는 온라인 전자 결제 시스템을 제공하는 미국 기업
🪔 동영상 플랫폼인 유튜브에 정기적 또는 비정기적으로 동영상을 올리는 사람을 말한다. 이들은 자신이 제작한 동영상으로 광고 수익을 얻기도 하며 최근에는 유튜버가 청소년이 희망하는 직업 상위권에 들기도 했다.
🪔 동영상을 생산하고 업로드하는 창작자를 말한다. 동영상의 창작자일 뿐만 아니라 자신이 만든 동영상을 매개로 팬 커뮤니티를 만들어 가는 커뮤니티 창조자 역할을 하고 있어서 '크리에이터'라는 명칭을 쓰기도 한다.

평소 말수가 없던 소녀가 신기하다는 듯이 말했다. 크리에이터 애기가 나오자 화주도 눈을 반짝였다.

"제가 아주 좋아하는 크리에이터가 있어요. 공부하다 쉴 때면 그 영상을 찾아서 보곤 해요. 요즘에는 내가 좋아하는 크리에이터가 텔레비전 방송에도 나오는데 그걸 보면 내 일처럼 기쁘다니까요. 마치 내가 키운 스타 같은 느낌이 들어요."

화주는 자신이 응원하는 크리에이터의 성공에 대해 신이 나서 이야기했다.

"그래, 너희 말대로 아이는 크리에이터가 된 거야. 하지만 그 과정을 보면 자연스럽다는 느낌이 들지 않니? 자신이 좋아하는 것을 즐기다가 콘텐츠를 만들어 내고, 콘텐츠를 유튜브에 올리면서 자연스레 크리에이터가 된 거지. 그래서 너희도 콘텐츠를 만들어 보라는 거야. 사람은 누구나 자기를 설명하고 싶어 한다고 했지? 그런 표현들이 자신의 콘텐츠가 되는 거야."

소녀가 건성으로 알겠다며 고개를 끄덕이자 아저씨는 자세를 바꾸며 말했다.

"내가 이래 봬도 참 감성적인 사람이란다."

아저씨가 갑자기 먼 하늘을 쳐다보며 폼을 잡더니 감상에 젖은 듯한 표정을 짓자 소녀와 화주가 픽 웃었다. 하지만 아저씨는 여전히 자기감정에 취해 말했다.

"너희는 이해하지 못할 거야. 누가 쉽게 한 사람의 마음을 이해할 수 있겠니. 말로 내 맘을 제대로 표현할 방법도 없고 말이야. 그런데 가끔 생각지도 못한 곳에서 큰 깨달음을 얻기도 하고, 위로를 받기도 해. 그게 내겐 콘텐츠였단다. 며칠 전에도 울적하니 마음이 잡히지 않아서 예전에 좋아하던 웹툰을 찾아봤어. 잠시라도 울적한 마음을 잊고 싶었기 때문이지. 그런데 웹툰을 보니 울적한 마음이 정말 싹 사라지더라고."

"정말요?"

소녀와 화주가 동시에 물었다. 역시 아저씨는 궁금증을 자아내도록 이야기를 잘 이끌었다.

"내 울적함을 날려 버린 건 웹툰에 나온 대사 한마디였어."

아저씨는 다시 말을 끊었다. 소녀와 화주가 어서 말해 달라는 눈빛으로 아저씨를 바라봤다.

"웹툰 주인공이 '내 까짓 게 뭔데. 내가 뭐라고 맨날 행복하겠어.'*라고 하는 거야."

"네?"

"내 까짓 게 뭐라고 늘 행복하겠냐고."

"그러니까 나 같은 건 늘 행복할 수 없다는 건가요?"

🕊 일상생활을 소재로 한 웹툰 〈어쿠스틱 라이프〉(239화 번아웃 편, 난다 지음)에서 인용하였다.

"음, 노노. 그런 부정적인 말이 아니라, 나라고 늘 행복할 수는 없다는 거야. 세상에 늘 행복하기만 한 사람이 있겠니?"

소녀가 고개를 가로저었다. 뒤이어 화주도 그런 사람은 없을 거라고 말했다.

"그래, 사람은 늘 행복할 수 없어. 그건 나도 마찬가지라는 거지. 늘 행복하지 않은 건 어쩌면 당연한 거지. 그러니 잠시 행복하지 않다고 해서, 자기만 불행하고, 힘들다고 여기지 말라는 거야. 그리고 그 불행과 고통이 영원하지 않다는 의미도 담겨 있지."

"아, 정말 그러네요."

화주가 맞장구를 쳤다. 설명을 듣고 보니 소녀도 '내 까짓 게 뭐라고 늘 행복할까'라는 말이 맘에 들었다.

"그 글을 읽고 나는 '야호' 하고 외쳤어. 나의 울적함을 싹 날려 주는 말이었거든. 난 그 웹툰을 그린 작가가 참 고맙더구나. 그래서 지금도 그 웹툰을 내가 매우 좋아하는 콘텐츠로 꼽지."

아저씨의 말을 듣다 보니 소녀와 화주는 정말 콘텐츠에 흥미가 생겼다. 그리고 콘텐츠라는 것이 참 묘하다는 생각도 들었다.

"며칠 전에 그 아이가 유튜브에 영상을 올려서 수익이 났다며 자랑을 하더구나. 유튜브 영상으로 생긴 수익을 아이에게 편의점 상품권으로 보내 줬다는 거야. 녀석이 얼마나 신기해하던지. 히히."

"크리에이터가 돈을 잘 번다고 하더니 정말 수익이 생기는군요."

"그 동영상은 아직 많은 사람들이 보지 않아서 편의점 상품권 정도에 그쳤지만 나중에는 상황이 달라질 수도 있겠지. 우선은 개한테 아이스크림 하나 얻어먹었어. 히히"

"어른이 뭐 그래요? 꼬마한테 아이스크림이나 뺏어 먹고."

"아냐, 뺏어 먹은 거. 녀석이 사 준다고 해서 얻어먹은 거라고."

아저씨는 억울한 표정이었지만 소녀와 화주는 그런 아저씨를 한껏 놀려 주었다. 그리고 그 순간 소녀와 화주의 머릿속에는 이번 창체활동의 주제가 어렴풋하게나마 떠올랐다.

4장

콘텐츠로
뭉친 소녀들

"다양하고 경계가 없는 플랫폼 덕분에 방탄소년단의 콘텐츠는 빠르게 세계로 퍼져 나갈 수 있었고, 좋은 콘텐츠와 달라진 환경 덕분에 방탄소년단은 세계의 팬을 갖게 되었지. 팬들은 너도나도 방송국에 방탄의 노래를 신청하면서 그들을 모르는 사람에게 그들의 음악을 알렸어. 팬 한 사람, 한 사람이 방탄소년단의 홍보대사 역할을 했던 거야.

방탄소년단의 콘텐츠가 결국 거대한 팬덤을 만들고, 팬덤은 방탄소년단을 오늘날 제2의 비틀즈라고 불리는 스타로 만들었어. 방탄소년단의 노래는 영어가 아닌 우리말로 되어 있지만 세계인들이 찾아 듣는 음악이 되었어. 현재 그들의 영향력은 상상하기 힘들 정도로 크고 놀라워."

창의체험활동을 위해 아이들이 모였다. 소녀와 화주 그리고 세희와 은아, 수현. 원래는 넷이 하려던 창체활동은 소녀의 합류로 다섯이 되었다.

"애들아, 우리 창체 주제를 뭘로 하지?"

"대략난감이다. 난 대체 뭘 해야 할지 아무것도 떠오르지 않아."

은아의 질문에 수현이가 졸린지 눈을 반만 뜬 채 말했다.

"우리 엄마 말씀이 언제나 제목에 집중하라고 하셨어. 창체라는 건 창의체험활동이니까 창의적인 걸 해야 하지 않겠어? 창의적인 거."

수현이와 달리 세희가 눈을 반짝이며 말했다.

"역시 우리 세희는 똑똑해. 그래서 내가 세희를 좋아한다니까."

은아가 세희 엉덩이를 톡톡 치며 아기에게 '우쭈쭈' 하듯이 말했다. 은아의 장난스런 행동에 세희 역시 입을 쭉 내밀며 장난스럽게 말했다.

"이제 알았어? 나 똑똑한 거. 그래서 너희들이 늘 나랑 같이 뭘 하려고 하는 거잖아. 공부 잘하는 애가 끼면 학교에서 상도 후하게 준다니까. 그치?"

"뭐래. 이번 시험 망친 주제에."

은아가 우쭈쭈 해 주던 표정을 싹 바꾸며 말했다. 은아랑 세희는 초등학교 때부터 친구다. 그래서 죽이 잘 맞는다. 서로를 칭찬했다가 디스했다가 널뛰기하듯이 대해도 별 문제가 없었다. 둘의 관계를 잘 모르는 사람이 볼 때면 싸우는 건지, 농담을 하는 건지 헷갈려서 긴장이 된다는 게 문제일 뿐.

"너희가 얼마나 창의적인지 내가 질문을 하나 하겠어. 이건 실제 대학교 입시 면접에서 나왔던 질문이라니까 한번 대답해 봐."

세희가 '흠흠' 목을 한 번 풀더니 면접관처럼 근엄하게 말했다.

"학생은 물이 뭐라고 생각합니까?"

세희의 근엄한 표정에 박자를 맞추듯 은아가 이내 진지한 표정이 되었다. 물을 뭐라고 답해야 할지 고민하는 눈빛이었다. 그건 다른 아이들도 마찬가지였다. 세희가 화주를 가리키며 다시 말했다.

"학생, 물이 뭐라고 생각합니까?"

지목받은 화주가 대답했다.

"물은 생명이라고 생각합니다. 물이 없으면 살 수 없으니까요."

세희는 고개를 끄덕이더니 은아에게 눈길을 줬다. 대답해 보라는 의미였다.

"물은…… 물은 액체입니다."

"아이고."

은아의 대답에 실망한 듯한 탄식이 세희의 입에서 흘러나왔다. 초등학교 때 배웠던 단순한 내답을 원한 게 아니었던 거다. 아이들의 대답이 이어지자 소녀는 저절로 긴장이 되었다. 아이들과 친하지 않은데다 질문에 답을 해야 하는 건 늘 긴장되는 일이었다. 게다가 앞서 은아의 답을 들은 세희의 반응을 보니 더욱 긴장이 되었다. 소녀는 긴장한 걸 들키지 않기 위해 애써 세희의 눈길을 피했다. 소녀가 긴장하는 사이 세희는 다음으로 수현이를 지목했다.

"수현아, 넌 뭐라고 생각해? 말해 봐."

"뭘 뭐라고 생각해. 졸려 죽겠구만."

"밤에 잠 안 자고 뭘 했길래 학교만 오면 이 모양이야. 대학 안 갈 거야?"

은아가 졸립다는 수현이를 마구 흔들며 말했다.

"재수 없는 소리 하지 마. 대학을 왜 안 가. 누구 인생 망치는 거

보려고 그래?"

졸립다면서도 수현이는 대학에 가겠다는 의지를 숨기지 않았다.

"그럼, 얼른 대답해 봐. 넌 물이 뭐라고 생각해? 이게 실제 면접 문제였대."

"물이 뭐긴 뭐야. 마시는 거지."

"땡! 너 그런 식으로 대답했다가는 창의적이지 않다고 똑 떨어져."

"아, 정신없어. 그만 해. 그럼 어떤 대답을 해야 하는 건데?"

다 귀찮다고 하면서도 평소 명문 대학에 꼭 가고 말겠다는 마음을 숨기지 않았던 수현이가 물었다.

"최고 점수를 받은 대답은 바로 '물은 세프라고 생각합니다'였어."

"뭐?"

"그게 뭐야?"

세희의 말에 은아와 수현이가 목소리를 높였다.

"물이 뭐냐고 물으면 우리는 흔히 물의 성질이 무엇일까 고민하잖아. 그리고 그 고민 끝에 답을 하고. 그런데 '물은 셀프입니다'라는 말은 질문까지도 새롭게 해석한 답이라고 할 수 있겠지?"

세희의 설명을 듣고 보니 아이들은 질문에서부터 틀에 갇혀 있었다는 생각이 들었다. 알고 보면 별거 아닌데 참 그게 쉽지 않다는 생각도. 이때 화주가 나섰다.

"그런 의미에서 자유로운 생각의 결과물을 체험하는 활동을 하면 어떨까?"

"자유로운 생각의 결과물?"

이제 잠을 물리친 건지 수현이가 물었다.

"콘텐츠 체험활동을 하는 거야. 요즘에는 개인이 글이나 영상물로 콘텐츠 제작을 많이 하잖아. 그것들을 살펴서 콘텐츠의 경향이나 특징 등을 알아보는 거야."

"개인이 만드는 영상과 글이라면 유튜브나 블로그인데. 뭐, 그런 거나 실컷 보자는 거야?"

세희가 의심스러운 표정으로 말했다.

화주가 말했을 때는 멋진 일 같았는데 세희의 말을 듣고 보니 그리 멋지게 들리지 않았다. 은아와 수현이 동시에 화주를 쳐다봤다. 지금까지 관심 없다는 듯 뒤로 빠져 있던 소녀도 이번에는 화주를 힐끗 봤다.

"지금까지 창의적이어야 한다고, 창의적인 것이 중요하다고 말했건만."

"창의적이어야 대학 간다는 거잖아. 근데 겨우 유튜브나 보자고?"

"차라리 창체 포기하고 놀자고 해, 그럼."

진지하고 자신만만하던 화주는 비난하는 듯한 친구들의 말에 당황해서 목소리를 키웠다.

"콘텐츠, 그게 그렇게 우스운 일이 아니야. 그렇지? 정말 그렇지?"

화주가 도움을 청하듯 소녀를 보며 말했다. 소녀는 살짝 고개를 끄덕여 주었다. 하지만 친구들의 반응은 달라지지 않았다. 화주는 전에 아저씨에게 들었던 이야기를 드문드문 섞어 가며 콘텐츠에 대해 설명했다. 하지만 친구들을 설득하지 못했다.

"너무 시시하게 생각하지 말고 곰곰이 한번 생각해 보지 그래."

옆에서 이야기만 듣고 있던 소녀가 화주를 거들며 한마디 했다. 하지만 아이들은 소녀의 말에도 별로 귀 기울이지 않았다. 수많은 말을 했던 화주에 비하면 소녀의 한마디를 무시한 것은 아무것도 아니었지만 소녀는 괜히 민망해서 얼굴이 빨개졌다. 그때 화주가 마지막 카드를 꺼내 듯 한마디 했다.

"콘텐츠에 대해 설명해 줄 아저씨가 있어. 나랑 같이 그분 만나보자, 응?"

화주의 계속되는 설득에 아이들은 아저씨를 만나 보기로 했다. 하지만 수현이는 수업 끝나고 바로 과외가 있다며 집에 가 버렸다.

아파트 벤치로 가니 약속이라도 한 것처럼 아저씨가 나와 있었다. 하지만 아저씨를 본 소녀는 아저씨와 화주가 따로 약속을 해 두었던 건 아니라는 걸 금방 알 수 있었다. 아저씨의 이에 붉은 고춧가루가 좌표처럼 끼어 있었기 때문이다. 사람을 만나기로 했는데 저런 고춧가루를 턱 하니 끼고 나올 수는 없는 일이었다.

"아저씨, 안녕하세요."

화주가 앞서서 아저씨에게 인사를 했고, 뒤에서 세희와 은아가 꾸벅 인사를 했다.

"친구들이에요. 우리 모두 같은 반이고요."

소녀가 아저씨에게 소개를 했다. 그러자 아저씨가 활짝 웃으며 손까지 흔들며 인사를 했다.

"하하, 얘들아 안녕?"

소녀는 흔드는 그 손으로 입을 '콱' 가려 주고 싶었다. 하지만 고춧가루가 주는 불편함을 차마 드러낼 수 없었다.

"아저씨, 저희가 창체활동으로 콘텐츠에 대해 연구하려고 하는데요. 친구들이 콘텐츠에 대해 잘 몰라서요. 얘들이 아이돌한테나 관심이 있지. 원."

화주는 어른처럼 말했다. 그 모습에 세희와 은아가 기분 나쁘다는 듯 눈을 동그랗게 떴다.

"아, 뭐 나쁜 뜻이 아니라……."

화주가 분위기를 누그러뜨리려고 급하게 말했다. 그때 아저씨가 세희와 은아에게 물었다.

"아 유 아미*?"

"예?"

"아 유 아미?"

"뭐라는 거야?"

아저씨의 영어인지 우리말인 헷갈리는 웅얼거림에 세희와 은아가 화주와 소녀를 쳐다봤다.

"아 유 아미? 두 유 러브 비티에스?"

아저씨가 다시 천천히 말했다. 그러자 세희와 은아가 서로의 손을 맞잡으며 대답했다.

"예, 예 맞아요. 아미."

세희와 은아는 BTS의 B만 나와도 소리를 지르는 열혈 팬이다. 세희와 은아의 적극적인 반응에 아저씨는 흐뭇한 미소를 띠었다. 이런 반응은 아저씨가 편히 이야기하도록 분위기를 만들어 준 격

🕊 2014년부터 활동하고 있는 방탄소년단의 팬클럽이다. 아미(ARMY)는 군대를 의미하는 영어 단어와 동일하며 방탄복과 군대는 항상 함께 하기 때문에 '방탄소년단과 팬클럽도 항상 함께한다'라는 의미를 담고 있다. 또한 '청춘을 위한 사랑스러운 대표자'라는 뜻의 'Adorable Representative M.C for Youth'의 약자이기도 하다.

이었다. 아저씨는 신이 나서 이야기를 시작했다.

"방탄소년단, 그 시작은 미미했지만 지금은 정말 창대하지."

"맞아요, 맞아. 우리 엄마는 처음 방탄 보고 이름이 너무 유치하다고, 하다 하다 별 아이돌이 다 있다고 했다니까요. 하지만 전 금방 알아봤어요. 중학교 때부터 방탄을 좋아했거든요."

"맞아. 처음부터 멋졌어."

여전히 손을 맞잡고 있는 세희와 은아가 말했다. 초등학교 때부터 친구인 둘은 방탄소년단을 좋아하는 공통점까지 있어서 이번에도 죽이 잘 맞았다. 방탄소년단 이야기가 나오자 세희와 은아는 아저씨조차 친구인 것처럼 대했다. 아저씨 이 사이에 낀 고춧가루가 사라졌듯 조금 전까지 주위를 감싸던 어색함도 온데간데없이 사라져 버렸다. 방탄소년단이 정말 대단하긴 대단하다.

"방탄의 성공 스토리는 이제 단순히 한 아이돌의 성공 이야기가 아니야. 방탄을 연구하는 사람들이 아주 많아졌지. 방탄의 성공 과정은 이 시대의 변화와 현실을 말해 주기 때문이야."

아저씨의 말에 세희, 은아는 물론이고 화주와 소녀도 흥미가 생겼다. 처음부터 아저씨를 만나 콘텐츠 이야기를 들으려 했지만 방탄이라니, 이건 새로운 전개라는 느낌이 들었다.

"지민, 정국, 슈가, 진, 뷔, 제이홉, RM. 일곱 명의 방탄소년단은 작은 기획사에서 만든 그룹이었어. 우리나라의 아이돌 시스템은 이른 나이부터 기획사의 연습생 생활을 통해 이루어지지. 춤을 배우고, 노래와 랩을 배우고, 연기도 배워서 표현력을 키우지. 영상과 무대에서 멋진 모습을 보여 주기 위해 체중 관리 등 외모를 가꾸는 데도 많은 노력을 기울여. 그래서 우리나라 아이돌은 말 그대로 아이돌(idol), 우상이 되기에 충분히 멋진 모습으로 대중 앞에 나타나지."

"어머, 어머, 이 아저씨 보기와 다르다. 이렇게 나이 많은 아저씨가 방탄소년단 이름 다 외우는 거 처음 봐."

은아가 정말 놀랐는지 발을 동동 구르며 말했다. 그런 은아를 화주가 진정시키듯 잡아끌며 귀에 속삭였다.

"야, 그런 건 속으로 해야 하는 말 아니야?"

아니나 다를까 은아의 말에 아저씨는 충격을 받은 듯 말했다.

"내가 그렇게 늙어 보이니? 나 그렇게 나이 많지 않은데."

"아니에요. 얘가 보는 눈이 없어서. 어서 하려던 이야기 계속 하세요."

달래듯 세희가 말했고, 아저씨는 실망한 표정이 역력했지만 다시 말을 이었다.

"방탄소년단이 기존 아이돌과 다른 점이 있다면 유튜브나 SNS를 통해 수많은 콘텐츠를 만들어 냈다는 거야. 한류를 대표하는 K-POP은 완벽한 무대 퍼포먼스와 음악을 들려준다는 것이 큰 장점이었어. 방탄은 그것에 멈추지 않고, 자신들만의 이야기를 콘텐츠로 만들어 세상에 내놓았지. 완벽한 모습으로 대중 앞에 섰던 아이돌과 달리 자신들의 생활 모습과 연습 영상을 고스란히 내보이며, 보는 이들의 공감을 샀지. 연예인이지만 보통의 청년들과 다르지 않은 고민을 콘텐츠에 담았고, 소확행(小確幸)*과 관련한 콘텐츠에 많은 사람이 공감했지."

"소확행이요?"

자신을 아미라고 소개했던 은아가 물었다. 질문이 나온다는 건 이야기에 흥미가 있다는 것이므로 아저씨는 친절하게 답을 해 줬다.

"알고 있듯이 소확행은 소소하지만 확실한 행복이라는 뜻이야. 일본의 대표 작가인 무라카미 하루키의 수필집에서 처음 나온 말인데 하루키는 서랍 가득 새하얀 속옷이 가지런히 정돈된 것을 볼 때, 일을 마치고 시원한 맥주를 마실 때 작지만 확실한 행복감을 느낀다고 했어. 그런 일들은 뭐 거창한 승부를 펼치고 얻어지는 것들이 아니잖아? 자신이 느끼는 작은 행복에 집중해서 그것을 누리는 거야. 아마 이런 건 사람마다 있을 거야."

무라카미 하루키가 1986년 펴낸 『랑게르한스섬의 오후』에 쓰인 말로 일상에서 느낄 수 있는 작지만 확실하게 누릴 수 있는 행복 또는 그러한 행복을 추구하는 경향을 말한다. 덴마크의 휘게(hygge)나 스웨덴의 라곰(lagom), 프랑스의 오캄(au calme)과 의미가 맞닿아 있다.

아저씨의 말에 화주부터 세희, 은아가 차례로 대답했다.

"저는 비 오는 날 라면 먹을 때 아주 행복해요."

"저는 침대에 누워서 음악 들을 때요."

"저는 엄마가 귀 파 줄 때 아주 좋아요."

아이들은 자신의 소확행을 하나씩 이야기했다. 아저씨는 소녀에게도 소확행이 있는지 물었다. 소녀는 뭘 말해야 할지 '물은 무엇입니까'라는 질문을 들었을 때처럼 망설였다.

"가만히 생각해 보면 있을 거야. 너무 작은 일이라서 그냥 지나쳤을지도 모르거든."

아저씨의 말에 소녀는 자기의 하루를 돌이켜 봤다.

"음, 저는 아침에 새소리를 들을 때 행복했던 거 같아요."

"그랬구나. 그래, 이렇게 사람은 저마다 다른 작은 행복이 있어. 그래서 소확행을 이야기할 때는 서로 생각과 느낌을 나누기가 쉽지. 방탄소년단은 바로 그런 이야기를 하기 시작한 거지. 자신들의 일상을 보여 주며 어떤 것에 행복을 느끼고 있는지 말이야. 그들이 만들어 내는 콘텐츠는 아주 사소한 것에서부터 시작되었지."

"맞아요. 저는 방탄TV에서 그들이 어떻게 생활하는지 자주 봤어요. 서로 장난치는 모습을 볼 때는 저도 같이 낄낄거리고, 고민하는 모습을 볼 때는 안타깝고 그래요. 그리고 그 모습을 통해 나만 힘든 건 아니구나 하고 위로받기도 하고요."

"하하, 그게 바로 콘텐츠의 힘이야. 방탄소년단의 팬이 된 사람들은 그들이 만들어 낸 콘텐츠를 보며 공감하고 감동하고 위로받았단다. 데뷔 전부터 시작된 방탄소년단의 콘텐츠를 본 사람들은 방탄의 성장 과정을 지켜본 것이기 때문에 스스로 그들을 키워 냈다고 여기기도 해. 그래서 방탄의 음악 활동을 지지하며 그들의 성공에 함께 기뻐하지."

"음, 저도 정말 그런 맘이 들어요."

은아의 말에 세희도 고개를 끄덕였다.

"그런 마음은 우리나라 팬만 가지는 게 아니었어. 그들의 이야기는 유튜브나 SNS를 통해 전 세계로 퍼져 나갈 수 있었어. 다양하고 경계가 없는 플랫폼* 덕분에 방탄소년단의 콘텐츠는 빠르게 세계로 퍼져 나갈 수 있었고, 좋은 콘텐츠와 달라진 환경 덕분에 방탄소년단은 세계의 팬을 갖게 되었지. 팬들은 너도나도 방송국에 방탄의 노래를 신청하면서 그들을 모르는 사람에게 음악을 알렸어. 팬 한 사람, 한 사람이 방탄소년단의 홍보대사 역할을 했던 거야. 방탄의 콘텐츠가 결국 거대한 팬덤(fandom)*을 만들고, 팬덤은 방탄소년단을 오늘날 제2의 비틀즈라고 불리는 스타로 만들었

플랫폼(platform)은 구획된 땅이라는 영단어 plat과 형태라는 form이 합쳐져 형성된 단어다. 즉 용도에 따라 다양하게 쓰일 수 있는 공간을 뜻하는데, 다양한 의미로 활용된다. 애플, 구글, 아마존, 트위터, 페이스북과 같은 IT 기반 기업은 모두 자신만의 플랫폼을 구축하는 데 집중했다는 공통점이 있다.

어. 방탄소년단의 노래는 영어가 아닌 우리말로 되어 있지만 세계인들이 찾아 듣는 음악이 되었어. 현재 그들의 영향력은 상상하기 힘들 정도로 크고 놀라워."

"맞아요. 맞아!"

방탄소년단의 성공 스토리를 자기 일처럼 기뻐하며 세희가 맞장구를 쳤다.

"방탄의 영향력이 크다고 했는데, 아저씨 말대로 저는 정말 영향을 많이 받았어요. 제가 책 읽기를 그리 좋아하지 않는데 방탄소년단 때문에 『데미안』*을 읽었거든요."

"그래?"

은아의 말에 이번에는 아저씨가 호기심을 보였다.

"방탄소년단의 가사와 뮤직 비디오에는 곳곳에 숨겨진 의미가 있어요. 방탄소년단의 뮤직 비디오를 보다가 RM의 영어 내레이션을 들었지요. 그게 무슨 말인지 궁금해서 찾아보니 소설 『데미안』에 나오는 대목이라고 하더군요. 저는 그 내용이 너무 궁금해서 데미안을 읽었지요. 저를 비롯해서 그런 이유로 그 책을 읽은 아미가 많을 거예요."

───────────────

특정한 인물, 특히 연예인이나 특정 분야를 열성적으로 좋아하거나 몰입하여 그 속에 빠져든 사람들을 가리킨다.

독일의 작가 헤르만 헤세가 1919년 발표한 장편소설. 자아 찾기를 삶의 목표로 삼고 내면의 길을 지향하며, 현실과 대결하는 영혼의 모습을 그렸다.

"맞아요. 저도 은아 얘기 듣고 『데미안』을 읽었어요."

은아에게 맞장구치며 세희가 이야기를 이어 갔다.

"부잣집에서 유복하게 자란 주인공 싱클레어는 센 척을 하려고 자신이 하지도 않은 도둑질을 거짓으로 떠벌리고 다니다가 크로머라는 아이에게 약점을 잡히고 싱클레어는 크로머의 괴롭힘을 해결하지 못해 힘들어하지요. 이때 전학 온 데미안이 크로머를 혼내면서 싱클레어의 고통을 덜어 주지요. 싱클레어에게 데미안은 구세주나 마찬가지였어요. 데미안을 통해 싱클레어는 자기 자신의 문제에 집중하고, 고민을 들여다보는 기회를 갖지요. 저는 그게 아주 마음에 들었어요. 다들 지금은 공부하는 데만 집중하라고 하는데 이 소설은 자신을 돌아보라고 조언하는 거잖아요."

세희는 진지하게 이야기했다.

"방탄소년단이 늘 선한 영향력을 끼치고 싶다고 하더니 정말 그랬구나. 아마도 너희들은 앞으로도 방탄의 콘텐츠라면 더더욱 빠지지 않고 찾아보게 될 거야. 그런 측면에서 너희는 누구보다 콘텐츠와 밀접한 관계를 맺고 있다고 할 수 있지. 그런데 사실 콘텐츠에 열광한 것은 너희가 아주 어렸을 때부터였단다."

"어렸을 때요?"

이야기의 새로운 전개에 화주가 눈을 반짝이며 물었다.

"너희 어릴 때 〈뽀로로〉* 많이 봤지?"

"뽀로로 귀엽잖아요. 저 어릴 때 우리 집에 뽀로로 비디오테이프도 있었어요."

"저는 뽀로로보다 루비를 더 좋아했어요. 핑크색을 좋아해서."

"오늘날 방탄이 세계를 누비는 것처럼 일찍이 뽀로로가 유럽을 누볐단다."

"뽀로로는 남극에 사는 펭귄인데 유럽을 누벼요?"

"하하, 그 말이 맞네. 남극에 사는 펭귄."

아저씨가 세희 말에 웃으며 뽀로로가 유럽에서 아주 인기 있는 캐릭터라고 설명하기 시작했다.

"나 어릴 때는 일본이나 미국 만화 주인공들이 인기였어. 우리나라 만화 주인공은 세계적으로 알려진 것이 없었지. 그런데 뽀로로는 달랐어. 뽀로로는 아이들이 좋아할 만한 것이 무엇인가 심도 있게 연구해서 만들어진 콘텐츠였어. 이런 노력은 정확하게 적중해서 우리나라는 물론 유럽에서까지 큰 인기를 끌었지. 프랑스에서 방송된 뽀로로의 최고 시청률은 50퍼센트가 넘을 정도였어."

"우와, 시청률 50퍼센트를 넘었다고요?"

아저씨는 자기가 이룬 일처럼 의기양양한 표정을 지었다.

TV 만화 〈뽀롱뽀롱 뽀로로〉를 흔히 부르는 말이자 주인공 펭귄의 이름이다. 기록적인 매출과 인기 덕에 뽀로로는 '뽀통령'이라는 별명을 얻었다.

마블 코믹스는 매력적인 콘텐츠로 세계적인 성공을 거두었다. 히어로들은 개별 영화에 나오거나 한꺼번에 등장하기도 한다. 영화는 엄청난 수익을 내며 캐릭터는 굿즈로 제작되어 판매된다.

"뽀로로의 성공은 우리나라 콘텐츠가 음악이나 드라마에 한정되지 않고, 다양하게 발휘될 수 있다는 의미이기도 했어. 뽀로로는 70여 개국 이상에 높은 가격으로 수출되었어. 잘 만든 콘텐츠가 얼마나 큰 영향을 미치고 수익을 낼 수 있는지 보여 주었지."

"우와, 콘텐츠라는 것이 정말 대단하네요."

"콘텐츠 하나로 큰 성공을 거둔 예는 아주 많아. 〈어벤져스〉 시리즈는 나오기만 하면 흥행하는 영화야. 이 시리즈가 만들어질 수 있었던 건 마블 코믹스*에서 나오는 만화가 있었기 때문이지. 마블 코믹스의 히어로들은 각각 영화의 주인공이 되기도 하고, 어벤져스에서 한꺼번에 등장하기도 하면서 여러 편의 영화가 만들어졌어. 영화는 나올 때마다 흥행하며 어마어마한 수익을 창출하고 있지. 영화뿐만 아니라 마블 코믹스의 캐릭터는 굿즈(goods)*로 제작되어 계속해서 경제적 효과를 내고 있어. 음, 그리고 『해리포터』 읽어 봤니?"

"예, 한 권도 빠지지 않고 다 읽었어요."

"저는 영화로 다 봤어요. 1편을 보고 나면 다음 편을 안 볼 수 없더라고요."

아저씨는 뽀로로와 마블에 이어 『해리포터』 이야기를 시작했다.

"『해리포터』는 영국의 한 카페에서 쓰였단다. 작가 조앤 롤링은 어린 딸과 가난하게 살았어. 일자리를 찾지 못해서 국가에서 주는 보조금으로 생활했기 때문에 어린 딸에게 먹일 우유도 넉넉하지 않았고, 자신도 굶는 날이 많았다고 해. 난방도 따뜻하게 할 형편이 아니라 작은 카페의 구석에서 글을 쓰기 시작했지. 그렇게 해리포터를 완성한 거야."

🪔 마블 코믹스는 미국의 만화 전문 출판사로 슈퍼 히어로물을 주로 펴낸다. 유명한 캐릭터로는 캡틴 아메리카, 토르, 스파이더맨, 엑스맨, 판타스틱 포, 헐크, 아이언맨, 블랙 팬서, 앤트맨, 가디언즈 오브 갤럭시 등 다수가 있다. 대부분의 마블 캐릭터들은 마블 유니버스라는 하나의 세계관 속에 거주한다.

🪔 '상품'을 뜻하지만 최근에는 방송 매체나 게임, 서브 컬처 등의 등장인물이나 설정, 배경 등을 토대로 출시된 상품을 일컫는 말로 그 의미가 좁아졌다.

아저씨의 말에 소녀는 잠깐 엄마가 생각났다.

"조앤 롤링은 소설을 완성하면 조금이라도 돈을 벌 수 있지 않을까 기대했어. 하지만 그 기대가 쉽게 실현되지 않았단다."

"왜요?"

"조앤의 소설을 출간하겠다는 출판사가 없었던 거야."

"이렇게 재미있는 소설을요?"

화주는 이해할 수 없다는 표정을 지었다.

"마법사 이야기의 시장성에 대해 의심하는 출판사가 대부분이었던 거야. 마법사 이야기는 조금 생소하기도 했고, 또 동화치고는 이야기가 너무 길다며 거절했어. 이렇게 열두 번을 거절당하고 열세 번째 원고를 보낸 출판사에서 해리포터를 출간했지. 해리포터는 대성공을 거뒀어. 해리포터는 영국뿐만 아니라 우리나라를 비롯한 40여 개국에서 출간되었고, 이후 영화로도 만들어져서 큰 성공을 거뒀지. 마블 코믹스의 경우와 비슷하지? 이렇게 콘텐츠는 다양한 방식으로 소비될 수 있어. 이런 방식을 '원소스 멀티유즈(One-Source Multi-Use, OSMU)'*라고 해. 최근 재미있는 웹툰을 원작으로 하는 영화와 드라마가 많은데 모두 원소스 멀티유즈인 거야. 콘텐츠에서는 많이 일어나는 일이지."

🪶 하나의 원형 콘텐츠를 활용해 영화나 게임, 음반, 애니메이션, 캐릭터 상품, 출판 등 다양한 장르로 변용하여 판매해 부가가치를 극대화하는 전략을 말한다.

"하나의 콘텐츠가 다양한 방식으로 소비되는 것이니 방탄소년단 같은 스타들의 굿즈가 만들어진 것도 원소스 멀티유즈라고 할 수 있겠네요."

아저씨의 말에 관심을 보이며 소녀가 말했다. 아저씨는 수줍어하기만 했던 소녀의 적극적인 태도에 놀라며 고개를 끄덕였다. 소녀의 말에 놀란 것은 아저씨뿐만 아니었다. 화주와 세희, 은아도 소녀를 놀란 눈으로 쳐다봤다. 소녀는 그 눈길이 느껴져서 얼굴이 빨개졌다.

"원소스 멀티유즈를 아주 잘 이해하고, 적용했구나. 역시 나의 수다가 헛되지 않았어."

아저씨는 아주 뿌듯해했다. 그리고 다시 해리포터 이야기를 이어갔다.

"해리포터의 성공으로 작가 조앤 롤링의 삶은 아주 큰 변화를 겪었어. 그녀는 가난에서 벗어나 지금은 세계에서 가장 돈을 많이 번 작가가 되었지."

"세계 최고의 부자 작가라면 얼마나 벌었는데요?"

화주의 목소리가 갑자기 커졌다.

"역시 돈에 대해서는 애나 어른이나 관심이 많구나."

아저씨는 눈을 찡긋하더니 어마어마한 액수를 말했다.

"뭐, 뭐라고요?"

『해리포터』 시리즈는 성공한 하나의 콘텐츠가 다양한 방식으로 소비되는 원소스 멀티유즈의 좋은 예이다.

"2,200억 원! 오래전 기록이긴 하지만 조앤 롤링의 연평균 수입은 약 2,200억 원이라고 해. 이미 2003년에 영화와 책 등으로 약 5,570억 원을 벌었을 거라고 하고. 그래서 다음 해에는 『포브스』에서 선정하는 세계 최고 부자에 이름을 올리게 되지. 2010년까지 그녀의 재산은 1조 원이 훨씬 넘었다고 알려져 있어."

"우와, 정말 어마어마하네요."

"어마어마한 게 돈이냐? 콘텐츠냐?"

놀라서 입이 쩍 벌어진 세희와 은아를 향해 아저씨가 물었다. 아이들은 '둘 다'라고 하며 손가락 두 개를 펼쳐 보였다. 콘텐츠의 경제적 성과에 콘텐츠를 다시 보게 된 듯했다.

"내가 얘네 둘에겐 전에도 이야기했는데 별 생각 없이 콘텐츠를 소비하고만 있었다면 콘텐츠가 뭔지 알아보고, 자기의 콘텐츠를 만들어 보는 것도 좋을 거야. 안 그래?"

아저씨의 말에 세희와 은아가 화주를 바라봤다. 화주가 창체활동으로 왜 콘텐츠를 제안했는지 알 것 같았기 때문이다.

5장

우리의 우상
'춘희'

"너는 어쩜 그렇게 팬픽을 잘 쓰니. 어떻게 쓰게 된 거야?"

입 안 가득 피자를 물고 있던 춘희는 기다렸다는 듯이 먹던 것을 급히 삼키고 대답을 했다.

"팬픽 쓰는 사람이 정해져 있는 거 아니잖아요. 요즘에는 모두가 독자이면서 작가인 시대니까. 나도 다른 사람의 글을 읽다가 내 글을 써 보자고 한 거죠. 그런데 전 너무 좋아하는 스타가 있으니까 그 스타에 대한 글을 쓰고 싶더라고요. 사실 매일 스타를 생각하다 보면 저절로 이야기가 만들어질 때도 있어요."

춘희는 겸손한 듯하면서도 당당하게 말했다. 소녀는 춘희의 당당함이 보기 좋았다. 자기와 다른 모습에서 느껴지는 부러움이었다.

"대박! 어제 그 아저씨 완전 대박이지 않니?"

소녀가 교실로 들어서자 세희와 은아가 다가오며 말했다. 소녀에게 다가오고 있었지만 대화는 둘이 주고받고 있었다. 소녀는 세희와 은아를 힐끗 보고는 자기 자리에 가서 앉았다. 소녀의 미적지근한 반응에 세희와 은아는 멈칫했다. 그런 두 아이를 화주가 뒤에서 밀며 소녀의 자리까지 데리고 갔다.

"안녕, 혹시!"

소녀는 화주의 씩씩하고 큰 목청에 고개를 들었다. 정말 오랜만에 들어보는 소녀의 이름이었다.

내 이름은 혹시. 나혹시.

> 서양식으로 하면 혹시나.
>
> 혹시 하는 마음에 나를 낳고,
> 혹시 하는 마음에 사는.
> 혹시? 하고 물어야 할 만큼 희미하고,
> 아리송한 존재.

소녀는 자기 이름이 싫었다. 어릴 때는 엄마에게 이름이 이상하니 바꿔 달라고 떼를 부리기도 했는데 엄마는 소녀의 떼를 받아 줄 만큼 여유롭지 않았다. 학기가 시작되거나, 낯선 사람에게 이름을 말할 때면 영락없이 주목을 받았다. 소녀는 사람들이 자기 이름에 관심을 보일 때면 표정이 싸늘하게 변했다. 그래서 점점 소녀의 이름을 부르는 사람이 줄었다. 그리고 이름을 불러 줄 만큼 가깝게 지내는 사람도 없어서 주목받던 이름은 얼마 지나지 않아 잊혀졌다. 소녀는 그것이 좋기도 했고, 싫기도 했다. 이름처럼 '혹시' 하는 희미한 존재가 되는 것이 편한 듯하면서도 외웠기 때문이다.

소녀는 고개를 들어서 화주와 눈인사를 했다. 화주 때문인지 세희와 은아도 웃으며 소녀에게 손을 흔들었다. 그리고 교실 뒷문으로 수현이가 눈을 반쯤 감고 들어왔다. 그런 수현이를 은아와 세희가 가서 끌다시피 데리고 왔다.

"정신 좀 차리자, 응?"

"그래 우리가 어제 얼마나 열심히 콘텐츠에 대해 조사했는지 알아?"

"아, 몰라 몰라. 졸려."

수현이는 친구들의 손을 뿌리치고 자기 자리로 가려 했다. 그런 수현이를 힘센 화주가 막아섰다. 그러자 수현이가 소녀 옆으로 털썩 주저앉았다.

"아, 알았어. 알았다고."

이렇게 창체 회원들이 모였다. 그러자 세희가 소녀에게 어제 만난 아저씨는 누구냐고 물었다. 어제는 방탄소년단 이야기에 빠져 정신이 없었는데 지나고 나니 자기가 누구를 만난 건지 궁금해진 것이다. 아저씨는 어떤 사람이기에 소녀를 알고, 화주를 아는 것일까 밤새 궁금해 미칠 것만 같았다. 그래서 어젯밤 세희는 급하게 화주에게 카톡을 했는데 화주의 답은 간단했다. 소녀와 사촌, 이웃사촌이라는 것뿐이었다. 아저씨에 대해 아는 것은 그것뿐이었다. 세희가 궁금해하는 것은 화주도 모르고 있었다.

"그냥, 우리 동네 사는 아저씨야."

"동네 아저씨? 그런데 우리가 동네 아저씨라고 해서 다 인사하고 대화하지는 않잖아. 뭔가 계기가 있지 않나?"

이번에도 세희는 소녀를 쳐다보면서도 은아에게 말을 걸고 있었다. 여전히 소녀는 세희의 완벽한 대화 상대가 아니었다. 소녀는 대답할 내용도 별로 없던 터라 그냥 있었다. 그러자 은아가 나서서 물었다.

"어떻게 아저씨랑 처음 얘기를 시작했니?"

은아의 물음에 소녀는 잠시 기억을 더듬어 봤다.

"음, 비 오는 날이었는데. 그러니까 비가 다 그치고 내가 달팽이를 보고 있었는데 그때 아저씨도 같이 달팽이를 보고 있었어."

"달팽이?"

"달팽이는 애완동물 가게에서나 볼 수 있는 거 아닌가?"

세희와 은아가 서로를 보며 말했다.

"보통은 그렇지. 그래서 나도 기어가는 달팽이를 보고 신기해서 쪼그리고 앉아서 보는데 아저씨도 신기했는지 옆에서 보고 있더라고. 그러면서 친해지게 됐어."

"참 신기한 인연이네. 달팽이가 두 사람을 만나게 해 주다니."

화주의 말에 소녀는 설명을 이어 갔다.

"아저씨는 거의 매일 벤치에 나와 있어서 집으로 가는 길에 자주 마주쳤어. 그러면서 이야기 나눌 기회가 많아진 것뿐이야."

"이야기를 많이 했다면 그 아저씨 하는 일이 뭔지도 알겠네?"

세희의 말에 소녀는 고개를 가로저었다. 사실 그동안 이야기를 나눴다기보다 소녀는 아저씨의 이야기를 듣는 편이었다. 자기 얘기를 잘 하지 않는 소녀는 상대에 대해서도 묻지 않는 편이었다. 아저씨도 비슷했는지 소녀의 인적사항에 대해 묻는 법이 없었다. 자연히 아저씨와 소녀는 사회적으로 흔히 말하는 나이, 직업, 가족 관계 같은 조건으로 자신이 누구인지를 설명한 적이 없고, 그것에 대해 알지 못했다. 세희는 아저씨가 어떤 사람인지 너무 궁금했기 때문에 소녀의 반응에 실망을 감추지 못했다.

"자, 그건 그렇게 중요한 게 아니고. 이제 우리 창체 얘기 좀 해 보자."

화주가 창의체험활동으로 이야기를 끌어 왔다. 세희와 은아는 화주가 처음 제안한 콘텐츠로 소재를 잡자고 했다. 다수의 의견으로 창체의 주제가 정해졌고, 아이들은 '한류 콘텐츠'라는 주제로 보고서를 만들었다. 콘텐츠가 무엇인지부터 시작해서 한류 콘텐츠에는 무엇이 있으며, 콘텐츠가 사람들에게 어떤 영향을 미치는지를 보고서에 담았다. 보고서를 쓰기 위해 정말 유튜브 동영상을 많이 찾아봤다. 평소에 많이 보던 동영상이었지만 콘텐츠라는 생각을 하며 보니 색달랐다. 처음으로 친구들과 보고서 작업을 한 소녀는 그 어느 때보다 즐거웠다. 아저씨가 소녀에게 이야기 쓰는 재주가 있다고 했는데, 보고서를 쓰면서 친구들에게도 능력을 인정받았기 때문이다. 소녀는 다른 사람에게 인정을 받는다는 것이 왜 이렇게 기분이 좋은지 모르겠다고 생각했다. 그러면서 '나도 관종인가?' 하는 생각도 잠깐 했다.

창체활동이 재미있는 건 소녀만이 아니었다. 적극적으로 창체 주제를 콘텐츠로 하자고 주장했던 화주, 화주를 따라서 아저씨를 만나 콘텐츠에 쏙 빠진 세희와 은아, 뒤늦게 콘텐츠에 대해 알게 된 수현이까지. 아이들은 콘텐츠의 매력에 빠지고 말았다.

"얘들아, 우리 이참에 콘텐츠 동아리를 만들어 보면 어떨까?"

이번에도 화주가 제안을 했다.

"동아리?"

가장 먼저 반응을 보인 건 세희였다. 세희 얼굴에는 벌써 재미 있겠다는 표정이 묻어 있었다. 바늘 가는 데 실 간다고 은아도 그 거 재미있겠다며 맞장구를 쳤다.

"동아리 활동이라면 대학 입시에도 도움이 되니까 괜찮겠네. 근데 구체적으로 어떻게 하면 될까?"

수현이도 순순히 동아리 만드는 데 찬성했다. 화주는 친구들의 적극적인 반응에 기분이 좋았다. 화주는 아직 의사 표현을 하지 않은 소녀에게 팔짱을 끼며 "우리는 이제부터 콘텐츠 동아리 회 원이다" 하고 말했다. 소녀는 팔짱을 낀 화주에 이끌려 이리저리 흔들리면서 자연스레 동아리 회원이 되었다.

"동아리 하기에 우리 다섯 명은 부족하니까 1, 2학년 모두에게 알려서 회원을 모집하자."

"회원 모집도 좋지만 콘텐츠와 관련해서 능력과 열의가 있는 사람을 뽑는 게 중요해."

아이들은 동아리 구성을 위해 진지하게 이야기를 나누기 시작했다.

"콘텐츠와 관련한 능력이라면 1학년에 춘희라는 아이를 빼놓을 수 없을 거야."

"춘희?"

세희의 말에 화주가 물었다.

"춘희는 팬픽*을 쓰는 아이야. 전에 내가 너희한테 보여 준 적도 있는데."

"아, 그거? 다른 친구들도 많이 보더라."

"맞아, 우리 학교에도 춘희가 쓴 팬픽을 좋아하는 애들이 많지. 그런데 춘희의 팬픽은 아이돌도 읽는다는 말이 있어."

"정말?"

"춘희의 팬이 얼마나 다양하고 많은지. 아줌마들도 팬픽을 읽고 연락을 한다더라고. 아줌마들이 공부하랴 팬픽 쓰랴 고생한다며 막 선물도 해 주고 그런대."

팬이 직접 쓰는 소설로, 자신이 좋아하는 드라마나 연예인, 스포츠 스타를 본뜨거나 주인공으로 내세워 쓴다.

"우와, 팬픽 쓰는 춘희가 크리에이터 같은 인기를 누리는구나."

"정말 그래. 그러니까 춘희를 우리 동아리에 가입시키면 활동에 큰 도움이 될 거야. 춘희를 통해 콘텐츠가 무엇인지 생생하게 느낄 수도 있고 말이야."

이때 수현이가 말했다.

"대학에 합격하는 신박한 비법을 담은 콘텐츠는 이 세상에 없다니? 그런 게 있으면 정말 대박일 텐데."

"신박한 비법…… 그거 참 좋네!"

수현이의 말에 은아가 맞장구를 쳤다. 하지만 세희의 표정은 싸늘했다.

"날마다 대학, 대학. 대학 타령 좀 그만해라. 집에서도, 학원에서도 듣는 소리, 너희까지 맨날 해야겠냐? 오랜만에 재미난 일 좀 해 보려는데 거기다가도 대학을 갖다 붙여?"

"얘가 왜 갑자기 열을 내고 그래. 너희도 대학 가려고 동아리 하려는 거잖아."

수현이가 열을 내는 세희를 쏘아붙였다. 그리고 세희의 반응에 여전히 할 말이 남은 듯 목소리를 높였다.

"학벌은 현실이야. 요즘에는 이름, 국적 심지어 성별까지 바꿀 수 있지만 학벌은 아니야. 그건 범죄가 돼. 학력 위조. 알겠어? 그런데 어떻게 고민을 안 할 수 있겠니?"

수현이의 말에 세희는 고개를 절레절레 흔들었다. 소녀도 그런 애기를 듣는 것이 불편했다. 소녀는 사람들이 학벌 하나로 사람을 평가하고, 우열을 가르는 것이 늘 불만이었다. 수능에서 높은 점수를 받으려면 기계처럼 문제를 풀어내야 한다. 기계처럼 문제를 풀어야 능력이 있는 거라면 사람이 기계를 이길 수는 없다. 그건 사람을 평가하는 방법이 아니라 기계를 평가하는 방식일 뿐이다. 시험을 위해 성실하게 노력했다는 것은 높이 살 만한 일이지만 그것으로 그 사람의 모든 것을 평가할 수는 없으니 학벌에 얽매는 현실은 이제 달라져야 한다는 것이 소녀의 생각이었다.

"워워, 우리 고2들 왜 갑자기 예민해지고 그래."

화주가 세희와 수현이를 한 번씩 안아 주며 달랬다. 화주의 넉넉한 덩치는 이럴 때 참 쓸모가 있었다. 그 품에 안기면 포근하니 마음을 진정시키기에 딱이었다. 화주의 말처럼 세희와 수현이도 잠시 자신들이 예민했다는 걸 깨달았다. 힘들게 학교와 학원을 오가다 보면 흔히 있는 일이었기 때문이다. 아이들은 마음을 가라앉히고 다시 동아리 이야기에 집중했다. 그렇게 동아리 활동을 위한 고민은 한동안 계속되었다. 그 시간을 멈춘 사람은 다시 수현이었다.

"어머, 나 과외 있는데. 오늘은 그만 가자."

수현이가 서둘러 일어서자 아이들도 가방을 들었다. 과외가 아니더라도 각자 자율학습이며 학원이며 일이 있었다. 소녀도 아이들을 따라 가방을 들었다.

"춘희 가입 문제며 동아리 활동은 각자 고민해 보고 조만간 다시 이야기하자."

화주의 말을 끝으로 아이들은 각자 갈 곳으로 향했다.

~~~~~

"오늘은 좀 늦었네."

멀리 벤치에서 아저씨의 목소리가 들려왔다. 소녀를 보며 하는 말이었다. 소녀는 터덜터덜 아저씨에게로 걸어갔다.

"오늘도 생각이 많은 표정이네. 난 생각을 털어 내려고 이러고 있는데."

아저씨가 소녀의 표정을 살피며 말했다. 소녀는 자신에게 일어난 이야기를 했다. 동아리를 만들기로 했다는 건 소녀에겐 매우 낯선 상황이라서 이야깃거리가 되기에 충분했다.

"오호, 멋진 계획을 세웠네."

"그런데 그 팬픽 쓰는 아이를 동아리 회원으로 가입시킬 일이 고민이에요. 아이들 말대로 그 애가 들어오면 좋을 거 같은데."

"팬이라면 누구나 스타 생각에 빠지기 마련이지. 팬픽은 그렇게 스타를 상상하다가 쓰게 되는 거야. 하지만 모두가 팬픽을 쓴다고 할 수는 없겠지. 더구나 많은 사람들이 좋아하는 글을 쓰고 있다면 분명 콘텐츠를 만들어 내는 노하우가 있다고 할 만하지."

"그러니까요."

아저씨는 잠시 고민을 하는 듯했다. 그리고 이렇게 말했다.

"음, 그 아이는 팬픽을 쓰니까 팬으로 접근하는 것이 좋겠어. 사람은 자신과 공통점이 있을 때, 그 사람의 생각에 공감할 때 쉽게 마음을 열거든."

"구체적으로 어떻게 한다는 거죠?"

아저씨는 팬이란 무엇인지부터 고민해서 그 방법을 찾아야 한다고 말했다. 아저씨는 정말 모르는 것이 없는 사람처럼 팬이란 무엇인지에 대해 이야기해 주었다.

그날밤 소녀는 춘희를 동아리에 가입시키기 위해 아저씨에게 들은 이야기와 자신이 알아본 내용을 공책에 정리해 보았다.

팬과 팬덤

팬(fan)은 17세기 후반 광신도를 뜻하는 fanatic에서 시작된 말이다. 신에게 미치듯 뭔가에 빠져 있는 것이 팬이었던 것이다. 이 말은 100년 전 미국의 열정적인 프로야구 관중을 향해 쓰이면서 오늘날에 이르게 되었다. 스타나 유명인을 추종하는 팬은 오늘날 흔히 볼 수 있다. 사회적으로 팬은 미치광이라기보다는 다양한 분야에서 필요로 하는 충실한 소비자가 된다. 흔히 말하는 팬은 문화적 소비자 역할을 하는 것이다. 팬들의 지지에 의해 스타나 예술가들의 활동이 더 활발해진다. 또 팬은 경제적 소비자로도 큰 역할을 한다. 어떤 제품이 많이 팔린다는 것은 그 제품에 충성도 높은 소비자가 있다는 것이고, 충성도 높은 소비자인 팬을 만드는 것이 오늘날 마케팅의 주요 목표인 것이다.

실제로 오늘날 젊은이들의 대부분은 셀러브리티*의 행동이나 모습에 끌린다는 조사 결과가 있다. 또 절반 이상의 사람이 셀러브리티로 인해 생각과 행동에 영향을 받았다고 말했다.

사람들이 가수의 라이브 공연을 보면서 느끼는 감정의 크기는 매우 크다. 화려한 무대와 조명, 퍼포먼스, 음악은 심장을 뛰게 하고 감동을 주기도 한다. 공연하는 스타의 에너지가 전해지면서 사람은 저절로 '스타와 내가 하나'라는 동일시에 이르게 된다. 팬이 된 것이다. 팬은 더 적극적으로 스타와 관계 맺기에 나서는데 스타를 쫓아 다니며 직접 만나려는 시도를 하거나, 스타를 새롭게 해석하는 활동을 하는 것이다. 팬들은 스타와 관련한 내용과 상황을 자신의 필요에 따라 자유롭게 만들어 낸다. 그중 하나가 팬픽 쓰기다. 그리고 이렇게 생겨난 팬들은 서로가 서로에게 공감하며 관계 맺기에 이른다. 팬덤이 생겨나는 것이다. 팬덤은 세대를 가르지 않는다. 같은 스타를 좋아한다는 공통점으로 십대와 오십대도 교류를 하게 된다. 다세대 팬덤이 형성되는 것이다.

빼곡하게 적힌 내용을 보며 소녀는 뿌듯함을 느꼈다. 처음으로 무언가를 스스로 알아보려고 했고, 알게 된 내용을 정리했다. 그건 소녀에게는 무언가를 준비하는 시작처럼 느껴졌고, 그 시작은 소녀를 새로운 세계로 안내할 것만 같았다. 소녀에게 새로운 세계는 정말 있는 걸까? 그 세계는 어떤 것일까?

~~~~~

며칠 후 화주가 다시 아이들을 모았다. 콘텐츠 동아리 때문이었다.

"팬픽을 쓰는 춘희를 우리 회원으로 데리고 오고 싶어서 어제 같은 학원에 다니는 고1 동생한테 물어봤거든. 그런데 춘희 걔 대단하더라. 춘희는 팬덤에서 꽤 인지도가 있어서 해외 팬은 물론이고, 초등학생부터 오십대 아줌마랑도 친구처럼 지낼 정도로 만나는 사람의 폭도 넓다고 하더라고. 춘희 인스타그램 친구나 팔로워 수가 보통 고등학생 수준이 아니라는 거야."

화주의 말에 소녀는 어제 자신이 정리한 팬과 팬덤의 내용을

🪔 흔히 셀렙(celeb)이라고 일컫는 셀러브리티(celebrity)는 특정한 직업에 얽매이지 않고 자신의 이름과 행적으로 유명세를 탄 인물로 대중들에게 주목을 받고 영향을 끼치는 사람이다. 비슷한 단어로는 '사교계 명사'라는 뜻의 상류층 집안의 부자를 말하는 소셜라이트(socialite)가 있다.

조회 1,008,673회

👍 380,685　👎 24　➡ 공유　저장　···

오늘날 많은 사람들이 셀러브리티의 생각과 행동에 영향을 받는다. '스타와 자신의 동일시'
는 다양한 매체의 발달로 더욱 확산된다.

떠올렸다. 춘희의 모습은 어제 아저씨가 말한 '팬들은 서로가 서
로에게 공감하며 관계를 맺어 팬덤이 생겨나는데, 팬덤은 세대를
가르지 않는다. 같은 스타를 좋아한다는 공통점으로 십대와 오십
대도 교류를 하게 되어 다세대 팬덤이 형성되기도 한다'라는 설명
그대로였다.

　"그래서 말이야. 춘희를 오늘 오후에 한번 만나 보자. 내가 학원

동생 통해서 어렵게 춘희랑 만나기로 약속을 잡았어. 학교 앞 피자집에서 보기로 했으니까 빠지지 말고 가자.”

수현이가 바로 오늘 만나냐고 물었다.

“응, 어제 춘희한테 말했더니 오늘이면 가능하다고 했대. 만나자고 하는 처지에 된다고 할 때 만나야지. 아까 말했잖아. 걔 활동 범위가 우리 고등학생과 차원이 다르다니까. 나름 바쁜 모양이더라고.”

“뭐냐, 누군 한가하냐? 나도 바쁘거든.”

수현이가 화주의 말에 불만스러운 듯 대꾸했다. 그런 수현이를 달래듯 화주가 물었다.

“수현이 바쁜 거야 우리가 잘 알지. 오늘도 과외 가야 해?”

“아니, 일주일 중 오늘 딱 하루 없어.”

“그럼, 갈 수 있겠네?”

수현이가 고개를 끄덕였다.

“갈 수 있으면서 한번 튕겨 봤군, 튕겨 봤어.”

팔짱을 끼고 서 있던 은아가 그럴 줄 알았다는 듯이 말했다.

“그래, 내가 너희 아니면 어디서 튕겨 보겠냐. 늘 이리저리 치이는 고삐리가.”

“그렇긴 하지. 공부 못하면 우리는 다 죄인 아니냐. 우리끼리라도 튕기는 거 봐주자.”

아이들은 자신들이 처한 현실을 그렇게 웃어넘겼다.

~~~~~

춘희는 예사롭지 않은 인상이었다. 쌍꺼풀이 짙으면서 크고 동그란 눈에 앙다문 입 모양 때문인지 입술은 더 얇아 보였다. 그리고 그 입은 조금 과장하면 영화 〈배트맨〉에 나오는 조커를 닮아 있었다. 서로를 탐색하는 어색한 시간은 음식이 나오자 화기애애한 분위기로 바뀌기 시작했다. 아삭한 도우에 부드럽게 늘어나는 치즈는 피자 맛을 한껏 올려주었다. 맛있는 것은 기분까지 업시켜서 아이들 사이를 편하게 만들어 주었다. 듬직한 화주가 춘희를 한껏 치켜세우며 말문을 열기 시작했다.

"너는 어쩜 그렇게 팬픽을 잘 쓰니. 어떻게 쓰게 된 거야?"

입 안 가득 피자를 물고 있던 춘희가 기다렸다는 듯이 먹던 것을 급히 삼키고 대답했다.

"팬픽 쓰는 사람이 정해져 있는 거 아니잖아요. 요즘에는 모두가 독자이면서 작가인 시대니까. 나도 다른 사람의 글을 읽다가 내 글을 써 보자고 한 거지요. 그런데 전 너무 좋아하는 스타가 있으니까 그 스타에 대한 글을 쓰고 싶더라고요. 사실 매일 스타를 생각하다 보면 저절로 이야기가 만들어질 때도 있어요."

춘희는 겸손한 듯하면서도 당당하게 말했다. 소녀는 춘희의 당당함이 보기 좋았다. 자기와 다른 모습에서 느껴지는 부러움이 었다.

"그래서 팬픽을 쓴 거야?"

"사람은 완전히 낯선 것에도, 완전히 익숙한 것에도 즐거움을 느끼지 못한대요. 그러니까 낯섦과 익숙함이 적절하게 배합이 될 때 사람들에게 재미있는 이야기가 될 수 있지요. 팬픽은 그런 면에서 아주 좋은 장르였어요. 스타는 사람들에게 아주 익숙하지요. 그런데 그 스타를 두고 새로운 이야기를 하는 거예요."

"우와, 정말 그러네."

춘희가 하는 말에 세희가 감탄했다. 그런 마음은 다른 아이들도 마찬가지였다.

"넌 어쩜 그렇게, 이런 걸 잘 아니?"

화주가 놀라워하며 다시 물었다.

"뭐, 저도 우연히 알게 된 거예요. 전에."

춘희는 자세한 이야기는 하지 않았다. 맛있는 음식 덕분에 분위기는 좋았지만 춘희의 마음을 더 잡아끌 필요가 있었다. 이때 소녀가 용기를 내서 입을 열었다. 소녀는 자신이 정리했던 팬에 대한 내용을 떠올리며, 팬이라는 존재는 문화를 소비하는 사람으로 문화 발전에 중요한 역할을 한다고 말했다. 소녀의 말은 춘희의 활동을 문화의 수준으로까지 끌어올리는 것이어서 춘희를 기분 좋게 했다. 그러자 춘희는 점점 더 많은 이야기를 쏟아 놓기 시작했다.

"전에 어떤 분이 〈텔레비전에 내가 나왔으면〉이라는 노래를 부르시더니 텔레비전에 나가고 싶은 사람은 누구든 나갈 수 있으니 해 보라는 거예요. 그게 무슨 소린가 했는데 바로 유튜브에 크리에이터가 되면 된다는 거예요. 그러면서 자신의 콘텐츠로 도전해 보라고 격려해 주시더라고요."

"텔레비전에 내가 나왔으면 정말 좋겠네에. 정말 좋겠네. 춤추고 노래하는 멋진 내 모습."

춘희의 말에 은아가 그 노래를 잠깐 불러 보더니 정말 맞는 말이라고 맞장구를 쳤다. 춘희는 그때 텔레비전에 나가는 것보다 팬픽을 쓰는 것이 더 하고 싶어서 팬픽을 써서 인터넷에 올렸다고 했다. 웹소설을 쓰는 사람들이 많이 있는데 자신은 팬픽을 썼다고 했다. 춘희를 중심으로 이야기는 계속되었다.

"춘희야, 팬픽 쓰면서 어려운 점은 없어?"

화주의 물음에 춘희는 잠깐 생각을 하는 듯하더니 이내 답했다.

"음, 힘들 때도 있어요. 그런데 '관객효과'라는 게 있잖아요. 누가 나를 보고 있다고 느낄 때 생기는 힘이요. 주목받을 때 긴장해서 일을 망치는 사람도 있지만 저는 주목받으면서 힘을 더 얻은 거 같아요. 또 댓글로 팬픽의 피드백을 받으면 그게 그렇게 힘이 나더라고요. 그리고 우리가 좋아하는 이야기에는 일정한 이야기 구조일 때가 많아요. 그걸 공부하면 내가 왜 그 이야기에 끌렸는지 알게 되고, 그러면 그걸 이용해서 이야기를 끌어가는 거죠."

아이들이 호기심을 느낄수록 춘희는 더 신이 나서 이야기를 했다.

"많은 사람들이 신데렐라 이야기를 좋아했잖아요. 어려움에 처한 착하고 예쁜 여자가 멋진 왕자님을 만나서 행복해지는 거요. 이런 이야기 구조는 시대와 인물, 상황만 조금씩 바뀌면서 이어지지요. 왕자는 회사의 실장님으로 나오기도 하고, 재벌 2세가 되어 나오기도 해요. 그리고 요즘처럼 여성의 사회적 지위가 높아지면서 신데렐라는 더 이상 여성이 아니라 남성이 되기도 하지요. 멋진 회사 여성 대표와 잘생기고 싹싹한 신입 남직원과의 로맨스처럼요."

아이들은 넋을 놓고 춘희의 이야기를 들었다.

"언니들도 저처럼 콘텐츠에 관심이 많다면서요. 너무 어렵게 생각하지 말고 한번 해 보세요. 요즘에는 자신의 콘텐츠를 선보일 만한 곳이 많아서 쉽게 시작할 수 있어요. 먼 옛날 인간은 모닥불 앞에 모여서 이야기를 나눴대요. 캠프파이어하면 괜히 센치해져서 비밀 얘기도 쉽게 꺼내는 것처럼 모닥불 앞에서 서로의 이야기를 했겠죠. 오늘날에는 미디어가 모닥불 역할을 한대요. 소셜 미디어*에 자신의 이야기를 쏟아 내는 거지요."

춘희는 침을 한 번 꼴깍 삼키더니 다시 이야기를 이었다.

"옛날에는 작가만 글을 쓰고, 책을 냈어요. 등단을 해야 작가로 인정을 받고 출판사에서 책을 만들어 줬지요. 그런데 요즘에는 그렇지 않아요. 블로그 활동을 통해 글을 쓰고 사람들에게 자신의 글을 선보일 수 있어요. 또 잘 알다시피 유튜브를 통해 자신만의 영상을 만들어 선보일 수 있어요. 언니들 모두 SNS 하잖아요. 거기에서도 다양한 콘텐츠를 접할 수 있어요. 콘텐츠는 다양한 방법으로 세상에 나오고 있어요. 이런 모든 것을 콘텐츠 플랫폼이라고 하는데 콘텐츠를 만들기 전에 어떤 방법으로 콘텐츠가 세상에 드러나는지도 알아보면 좋을 거 같아요. 그러면 콘텐츠 만들기에 더 쉽게 뛰어들 수 있을 거예요."

춘희의 이야기를 듣고 있으니 아이들은 뭔가를 할 수 있다는 의욕이 마구마구 생겨났다.

"춘희야, 우리가 콘텐츠 동아리를 하려고 하거든."

화주가 조심스럽게 말을 꺼냈다.

🪔 트위터(Twitter), 페이스북(Facebook)과 같은 소셜 네트워킹 서비스(Social Networking Service, SNS)에 가입한 이용자들이 서로 정보와 의견을 공유하며 대인관계를 형성할 수 있는 플랫폼을 말한다.

과거 인류가 모닥불 앞에서 자신의 이야기를 털어놨다면 오늘날에는 미디어가 모닥불의 역할을 한다고 볼 수 있다. 사람들은 미디어를 활용해 좀 더 손쉽게 콘텐츠를 생산한다.

"알아요, 친구한테 들었어요."

"그래서 말인데 우리랑 동아리 활동 같이 하지 않을래?"

"예, 그럴게요."

"뭐? 뭐라고?"

"동아리, 같이 한다고요."

춘희는 흔쾌히 하겠다고 했다. 이미 콘텐츠를 만들고, 그 성과를 내고 있는 춘희가 초짜 동아리에 들어오겠다니 아이들은 천군만마를 얻은 듯했다.

"어머, 너무 고맙다. 고마워."

세희가 호들갑스럽게 반겼다.

"우린 선배라지만 아무것도 모르는데 괜히 송구한걸."

수현이가 머쓱한 표정으로 말하자 춘희가 웃으며 말했다.

"방탄소년단에 '황금막내' 있는 거 아시죠? 제가 동아리의 황금막내가 되어 드릴게요. 열심히 하겠습니다. 언니들."

황금막내라는 말에 세희가 진짜 방탄소년단의 정국을 보기라도 한 듯 꺅 소리를 질렀다. 확성기처럼 시끄럽던 세희의 입은 화주가 먹음직스러운 피자 한 조각으로 틀어막았다. 춘희와의 만남은 목적을 달성한 대성공이었다.

6장

콘텐츠는 플랫폼에 산다

"사람은 누구나 자신을 설명하고 싶어 한다고 합니다. 이것은 사람 사이의 소통과 인정을 의미하기도 할 것입니다. 우리가 만드는 콘텐츠는 어떤 식으로든 자신을 담게 될 것입니다. 그래서 우리는 콘텐츠를 만들고 싶어 하고, 보고 싶어 하는 것이라고 생각합니다. 나를 설명하고, 콘텐츠를 통해 상대를 보는 것이지요. 이 콘텐츠는 페이스북 같은 플랫폼에서 쉽게 만날 수 있습니다. SNS에서 높은 턱이란 없는 셈입니다."

소녀의 마지막 말에는 자신의 콘텐츠를 만들어 보라는 응원이 담겨 있었다. 그 응원에 호응하듯 여기저기서 열광적인 박수가 나왔다. 화주는 자리에서 일어나 박수를 쳤다. 소녀는 사람들의 반응에 얼떨떨했다.

"동아리 활동은 잘되고 있니?"

아저씨는 티 나지 않게 조심하고 있었지만 콘텐츠 동아리에 관심이 많았다. 소녀는 그것이 싫지 않았다. 아저씨의 관심 덕에 콘텐츠 동아리가 잘 만들어졌다고 생각하기 때문이다. 춘희를 시작으로 동아리 회원 모집은 순조롭게 마무리되었다. 소녀에게 동아리 활동은 요즘 최대 관심사다. 오랜만에 느껴 보는 의욕이었다.

이제 본격적인 동아리 활동을 시작할 때다. 아이들은 첫 번째 활동으로 무엇을 할까 고민했다. 긴 고민 끝에 첫 번째 활동 내용을 정했다.

"콘텐츠 플랫폼에 대해 알아보기로 했어요. 그래서 분야별로 나눠서 조사하고 세미나를 하기로 했지요."

"우와, 꽤 그럴 듯하네."

아저씨는 아이들이 생각보다 콘텐츠에 잘 접근하고 있는 것이 기특했다. 콘텐츠는 넓게 보면 모든 창조물을 일컫지만 오늘날에는 흔히 영상물을 콘텐츠로 부르는 경향이 있다. 그런 측면에서 콘텐츠를 보여 주는 통로라고 할 수 있는 플랫폼은 꼭 생각해 봐야 할 문제였다. 아저씨는 인터넷을 검색하고, 자신의 메모장을 뒤져서 조사에 도움이 될 만한 책을 몇 권 추천해 주었다. 그 모습을 보고 있자니 소녀도 세희처럼 아저씨의 정체가 궁금해졌다.

"아저씨는 어떻게 이런 것까지 알아요?"

소녀는 조금 애매하게 질문을 했다.

"이런 것까지? 그게 어떤 건데?"

"콘텐츠가 뭔지 물었을 때도 그렇고, 얼마 전에는 팬덤에 대한 설명도 해 주셨고. 뭐 이런 거요."

아저씨는 소녀의 말에 킥킥대며 웃었다. 쑥스러워서 그렇게 웃는 것 같았다.

"내가 이러고 있으니까 늘 놀고먹는 백수처럼 보이지? 사실 지금 백수인 건 맞는데 전에 말한 것처럼 나에게는 큰 꿈이 있단다."

아저씨의 말에 소녀는 '공자'가 떠올랐다. 그때는 그 이야기가 뜬금없다고 생각했는데 어쩌면 그건 진짜 아저씨의 꿈일지도 모를 일이었다.

"꿈은 크게 가지라고 하잖아. 큰 꿈을 꿔야 꿈이 깨지더라도 그 조각이 큰 거라고. 난 그 말이 맞다고 생각해. 그런 의미에서 너도 늘 꾸물꾸물한 날씨처럼 살지 말고 큰 꿈을 만들어 보지 그러니. 꿈이 없어도 행복할 수 있는 거지만 꿈꾸는 데 돈 들고, 힘 드는 거 아니잖아."

아저씨는 그동안 참고 참았던 말을 꺼냈다. 소녀는 눈치 채지 못했겠지만 아저씨는 어두운 표정으로 다니는 소녀가 늘 안타까워 보였다. 많은 청소년들이 제대로 꿈을 꾸지도 못하며 살고 있다는 걸 알지만 소녀의 어둠은 더 짙게 느껴졌기 때문이다. 그 순간 소녀도 아저씨의 진심이 무엇인지 어렴풋하게나마 느껴졌다. 소녀는 알겠다며 고개를 끄덕였다.

～～～～

"아, 난 뭘 어떻게 해야 할지 모르겠어."

동아리를 시작하면서 세희와 은아, 화주, 수현은 소녀의 자리 근처에서 자주 모였다. 동아리를 핑계로 모여서 이야기하는 날이 많아지면서 자연스레 그렇게 되었다. 세희는 콘텐츠 플랫폼 관련한 PPT 준비가 어렵다며 엄살을 부렸다. 소녀는 어제 도서관에서 빌려온 책을 꺼냈다. 아저씨가 읽어 보라고 알려 준 책들은 다행히 도서관에 있어서 쉽게 빌릴 수 있었다.

"이게 다 뭐야?"

"우리 PPT에 도움이 될 만한 책이래. 나눠서 읽자."

소녀의 말에 아이들은 먹이를 채 가듯 한 권씩 집어 들었다.

"와, 이런 책은 어떻게 알았어?"

책의 목차를 살피며 은아가 물었다.

"우리 동네 아저씨, 그 아저씨가 참고해 보라고 해서."

"그래? 정말 그 아저씨가 도움을 많이 주네."

"그러게…… 정체가 뭔지 더 궁금해졌어."

세희는 아저씨에 대한 궁금증이 더 커졌다. 그 사이 화주와 수현이는 책을 펼쳐 들고 읽기 시작했다. 궁금했던 것들이 책 속에 담겨 있는 듯했다.

"와, 이거 참 흥미로운데. 이 세상의 권력은 고백을 얻는 자들의 것이었대. 중세시대에는 사람들이 신부에게 고백을 했고, 근대에는 정신과 의사, 20세기에는 토크쇼에 나와서 고백을 했는데 오늘날에는 소셜미디어에 고백을 한다는 거야."

책을 펼쳐 보던 수현이가 말했다. 아이들은 듣고 보니 정말 그런 것 같다며 동의했다.

"전에 춘희가 옛날 사람들이 모닥불 앞에서 자기 이야기를 했다면 이제는 SNS에 한다고 했는데 그거랑 비슷한 얘기네."

"맞다, 맞아."

수현이에 이어 이번에는 화주가 책에 나온 이야기를 하나 했다.

"넷플릭스는 비디오 가게에 갚아야 할 연체료 40달러 때문에 만들어졌대."

"뭐?"

아이들이 모두 화주를 쳐다봤다.

"예전에는 영화를 보려면 비디오 가게에서 빌려서 봤는데 이걸 제때 반납하지 않으면 연체료를 물어야 했대. 넷플릭스를 창업한 리드 헤이스팅스는 빌린 비디오테이프 반납이 한 달 보름이나 늦어서 연체료로 40달러를 내야 했대. 그런데 그 정도 돈이면 자신이 빌린 비디오 가격보다 비싼 거였다네."

"으이구, 우리 엄마는 그런 거 아주 싫어하는데. 그래서 도서관에서 빌린 책도 늦기 전에 반납하라고 얼마나 잔소리를 하는지."

화주 이야기에 은아가 엄마의 잔소리가 떠오르는 듯 일그러진 표정으로 말했다.

"하하, 헤이스팅스의 부인도 비슷했나 봐. 이 사람도 연체료 40달러를 내고 아내에게는 잔소리 들을까 봐 비밀로 했대."

"뭐 다 비슷하군."

"아니, 달라."

화주가 들고 있던 책을 받아서 살펴보던 수현이가 세희를 향해

넷플릭스는 인터넷으로 영화나 드라마를 볼 수 있는 미국의 회원제 웹사이트로, 인터넷에 연결만 되면 컴퓨터, 스마트폰, 텔레비전, 게임기 등의 다양한 기기를 통해 어디서나 쉽게 이용할 수 있도록 하는 전략으로 기반을 넓혔다.

손가락을 가로저었다. 단호함이었다.

"이 사람은 이 일을 계기로 넷플릭스를 창업했어. 너처럼 게으름만 피운 게 아니야. 넷플릭스는 독서실이나 헬스클럽처럼 한 달, 일 년씩 회원으로 가입하면 언제든 편하게 동영상을 볼 수 있는 거야. 그리고 오늘날 넷플릭스는 강력한 콘텐츠 플랫폼이 됐다는 거지."

수현이의 말에 은아가 입을 삐죽였다. 하지만 자신과 넷플릭스 창업자가 다르다는 말을 반박할 수는 없었다.

"아무튼 책을 읽어 보면 우리가 발표하는 데 큰 도움이 될 거 같아."

"맞아, 난 책을 보다가 모르는 거 있으면 그 아저씨 찾아가서 좀 물어 볼래."

세희가 책을 끌어안고 말했다. 그런 세희를 은아가 눈을 가늘게 뜨고 바라봤다.

"너 좀 수상하다. 어딘가 러브 스멜이 나."

"뭔 소리야?"

은아의 말에 세희가 정색을 했다.

"너 유난히 아저씨에 대해 궁금해하더니…… 혹시?"

은아의 '혹시'라는 말에 소녀는 자기를 부르는 것만 같아 깜짝 놀랐다. 하지만 아이들은 눈치 채지 못했다.

"아무튼 넌 남자 사람을 어찌 그리 쉽게 마음에 품니?"

"품긴 뭘 품어?"

"저 책 안고 있는 꼴이 벌써 마음에 누구를 들인 거 같은데 뭘. 내가 너랑 알고 지낸 게 얼만데."

세희와 은아의 실랑이가 계속되었다. 딱 수업이 시작되기 전까지만.

아이들은 콘텐츠 플랫폼에 대한 조사를 유튜브, 소셜 미디어, 블로그와 팟캐스트로 나누어 준비하기로 했다. 동아리 회장인 화주는 플랫폼의 시작을 가능하게 한 인터넷에 대한 전반적인 조사를 진행했다. 동아리 발표회에는 동아리 회원뿐만 아니라 전교 학생들에게 홍보를 해서 같이 보게 할 생각이었다. 아이들은 첫 번째 동아리 활동에 부담이 되면서도 기대가 되었다. 선생님이나 부모님이 시키지 않았는데 스스로 일을 만들어서 한다는 건 아이들에겐 흔치 않은 일이었다. 어리다는 이유로 부모님과 어른들의 보호 속에 있었고, 하라는 공부를 하기에도 늘 시간이 부족한 상황이었기 때문이다. 어른들의 보호라는 것은 아이들 입장에서는 선을 넘는 것일 때가 많았다. 생각을 통제하고, 자유를 통제하는 것을 보호라고 할 수 없었기 때문이다. 그래서 아이들은 점점 부모님, 어른들과 거리를 두려고 하는지 모른다. 하지만 스스로 일을 하려고 나설 때는 그나마 어른들의 통제에서 자유로울 수 있었다. 스스로 하겠다는 자발성에는 딴지를 걸기 어려운 법이기 때문이다. 더구나 생활기록부를 풍성하게 할 동아리 활동을 하겠다는데 반대할 이유가 없었다. 아이들은 당당하게 PPT 준비에 나섰다.

소녀도 오랜만에 밤늦도록 책상에 앉아, 책을 읽고 자료 정리를 했다. 밤이면 벽에 드리운 그림자를 보며 상상하던 일상에 변화가 생긴 것이었다. 그렇게 열심인 자신이 느껴질 때면 '우리 딸 늦게까지 애쓰는구나' 하고 격려해 주는 엄마의 모습을 상상하지만 그건 소녀가 텔레비전에서 보던 드라마의 한 장면일 뿐이었다. 소녀가 아무리 늦게까지 책상 앞에 앉아 있어도 엄마는 그 전에 들어오는 법이 없었다. 엄마의 일은 늘 새벽까지 이어져서 엄마를 보고 잔다는 건 밤을 꼴딱 새우는 셈이라 소녀에게는 불가능한 일이었다.

유튜브

'당신의 비디오 창고'라는 슬로건으로 시작한 유튜브는 이후 '당신을 방송하라'는 슬로건으로 바꾸며 승승장구하기 시작했다. 누구든 쉬운 방법으로 동영상을 올릴 수 있어서 큰 관심을 받더니, 지금은 매일 수십만 건의 영상물이 유튜브에 올라오고 있다.

2005년 개인이 만든 동영상을 인터넷에 올려 공유하는 플랫폼으로 시작한 유튜브는 2006년 구글에서 인수하면서 세를 불리기 시작했다. 2008년에는 한국어 서비스를 시작했고, 약 76개 언어를 지원하고 있어서 명실공히 세계인이 즐기는 콘텐츠 플랫폼이 되었다.

유튜브에 올리는 영상 콘텐츠는 특별히 한계를 정해 놓지 않았다. 물론

포르노 같은 것들은 걸러 내지만 어떤 주제든, 어떤 형태든 동영상을 만드는 사람의 자유에 맡긴다. 이것이 일반인의 적극적인 참여를 이끌어 내는 요소다. 그래서 유튜브에 올라온 동영상의 반 이상이 개인이 만든 콘텐츠다. 기존의 미디어에서 만든 동영상은 개인이 만든 콘텐츠의 양에 미치지 못한다. 유튜브라는 플랫폼이 개인의 창작물, 콘텐츠를 세상에 내놓는 데 큰 역할을 하는 것이다.

개인이 만든 동영상은 전문성이 떨어지기 쉽다. 이 점은 유튜브를 보는 사람들 사이의 소통을 통해 해결한다. 하나의 영상을 보고 감상과 생각을 댓글에 남길 수 있다. 그리고 관련 영상을 링크해서 서로 소통할 수도 있다. 이런 관계를 통해 개인의 콘텐츠가 가진 한계를 조금씩 해소할 수 있다.

오늘날 유튜브는 인터넷 공간 중에서도 우리 생활에 깊숙이 자리 잡은 사례이다. 유튜브에는 한 달에 10억 명이 넘는 사람이 방문하고, 이들은 약 60억 시간 동안 동영상을 본다고 한다. 세계 인구가 약 60억 명이니 한 사람이 한 달에 한 시간은 유튜브를 본다는 계산이 나온다. 최근 십대들은 모르는 것, 궁금한 것을 포털 사이트가 아닌 유튜브에서 검색해 동영상으로 이해하는 경향이 짙다고 한다.

"어떠니?"

세희와 은아가 유튜브에 대해 정리한 내용을 친구들에게 보여 주었다.

"와, 조사 많이 했네."

화주가 엄지손가락을 들어 보였다.

"근데 이게 다는 아니겠지?"

수현이의 물음에 세희가 고개를 끄덕였다.

"우선 내가 조사한 내용을 정리한 거고. 좀 더 다른 내용이 있을 지 오늘 아저씨 찾아가서 물어보려고."

아저씨 이야기를 하며 세희가 몸을 베베 꼬았다. 그런 세희의 머리를 은아가 꽁 때렸다.

"이런…… 무슨 꿍꿍이인지 훤히 보이는구만."

"아, 뭘?"

세희는 억울하다는 표정으로 말했다. 하지만 은아는 눈 하나 깜빡 하지 않았다.

"뭐긴 너만 빼고 여기 있는 사람 모두 네 속셈 알거든?"

은아의 말에 세희가 정말 아느냐는 눈빛으로 화주와 수현이, 소녀를 차례로 둘러봤다. 세희와 눈이 마주친 화주는 웃었고, 수 현이는 고개를 흔들었으며, 소녀는 모르는 척 눈길을 피했다. 하 지만 세희는 아랑곳하지 않았다. 그리고 소녀에게 물었다.

"혹시, 몇 시쯤 가면 아저씨 만날 수 있어?"

"음, 정확하지 않지만 다섯 시쯤?"

아저씨를 만나던 때가 늘 네다섯 시 정도였던 기억을 더듬어 넉넉하게 시간을 말해 주었다. 이때 수업 시작을 알리는 종이 울렸다. 세희는 오케이를 날리며 자기 자리로 돌아갔다. 아이들의 대화는 수업의 시작과 끝을 알리는 종소리에 따라 시작되었다가 끝이 나곤 했다. 울리는 종소리 하나에 외모도, 생각도, 취향도, 꿈도 다른 아이들이 맞춰 움직이다니, 소녀는 새삼 종소리에 엄청난 힘이 있다는 생각을 했다. 아니, 종소리에 따라 움직여야 하는 자기 삶이 미미하다고 느꼈는지도 모르겠다.

〰〰

"아저씨 오늘 안 나오는 거 아니야? 전화번호라도 물어볼걸."

"혹시도 번호는 모르는 거 같던데. 알았으면 알려 줬겠지."

조바심을 내는 세희를 은아가 다독였다. 시간은 어느새 5시 30분이 훌쩍 지나가고 있었다.

"언제까지 기다릴 생각이야? 나 늦어도 6시에는 출발해야 하는데."

"그래? 그래도 조금 더 기다려 보자. 어차피 PPT 만들려면 학원 한 번쯤은 빠져야 하잖아. 안 그래?"

이번에는 세희가 은아를 달랬다. 둘은 혹시라도 아저씨를 놓칠까 봐 고개를 바짝 들고 주위를 살폈다.

"어, 저기. 저기 아저씨 아니야?"

은아가 멀리서 걸어오는 한 남자를 손으로 가리켰다. 세희는 은아가 가리키는 사람을 보기 위해 고개를 쭉 빼고 두리번거렸다.

"어, 맞는 거 같은데."

세희는 조심스레 남자가 있는 쪽으로 다가갔다. 은아가 찾은 사람은 아저씨가 맞았다. 다만 전에 보던 모습과는 너무 다른 차림이어서 세희와 은아는 어리둥절했다.

"안녕하세요. 저희는 혹시 친구예요. 기억하세요?"

세희가 먼저 인사를 했다. 뒤에 따라오던 은아도 꾸뻑 인사를 했다.

"아, 너희구나."

아저씨는 아이들이 뻘쭘하지 않도록 반갑게 인사를 받았다. 그 모습에 아이들은 안심이 되는지 활짝 웃었다.

"와, 예전과는 많이 달라지셨는데요."

은아가 농담을 건네듯 멋지다는 칭찬을 했다. 그때 보였던 고춧가루의 흔적은 어디에도 남아 있지 않은데다 말끔하게 차려입은 슈트는 아저씨의 인물 호감도를 2.5배 이상 상승시키고 있었다. 트레이닝복을 입고 구부정하던 모습이 슈트를 입자 온데간데없이 사라진 것이었다.

"하하, 그래? 오늘 볼일이 있어서 외출하고 돌아오는 길이라."

그 말에 세희는 더더욱 아저씨가 어떤 일을 하는 사람인지 궁금했다. 그래서 참지 않고 물었다.

"무슨 볼일인데요?"

"아, 뭐 말하자면 길어. 근데 여긴 어쩐 일이니? 너희는 이 동네안 살잖아?"

아저씨는 빠르게 말을 돌렸다. 더 이상 말해 주지 않겠다는 뜻이었다. 친한 사이라면 말해 달라고 조르며 다시 물었을 테지만 세희도 그 정도 눈치는 있었다. 세희는 아까부터 들고 있던 노트를 아저씨에게 내밀었다.

"이게 뭐니?"

"저희 동아리에서 콘텐츠 플랫폼에 대해 발표해요. 저는 유튜브에 대한 자료를 발표할 거라서."

세희가 내민 노트에는 유튜브에 대해 정리한 내용이 담겨 있었다. 아저씨는 빠르게 그 내용을 읽었다.

"음, 잘 정리를 했구나. 유튜브는 동영상 콘텐츠 플랫폼으로는 세계 최대 규모니까 다룰 만하지. 그런데 일부에서는 유튜브를 두고 세계인이 만든 공짜 동영상으로 성장한 회사라고 비난하기도 한단다."

"공짜 동영상으로 컸다고요?"

"유튜브에 개인이 동영상을 올릴 때 돈이 들지 않는 건 동영상을 만든 개인에게 좋은 일이지. 하지만 반대로 유튜브도 개인이 동영상을 올리지 않았다면 지금처럼 큰 기업이 되지는 못했을 거야. 그래서 일부 사람들은 유튜브를 두고 무임금 영상 제작자 덕에 큰 회사라고 말하지. 또 최근에는 가짜 뉴스를 만들어 유튜브를 통해 확산시키는 것이 큰 사회 문제가 되고 있어. 기왕 유튜브를 알아보고 있으니 이런 논의도 있다는 걸 알고 있으면 좋을 거 같아."

아저씨의 설명에 세희와 은아는 고개를 끄덕이며 역시 아저씨를 찾아오길 잘했다고 생각했다.

"여기 '개인이 만든 동영상은 전문성이 떨어지기 쉽다. 이 점은 유튜브를 보는 사람들 사이의 소통을 통해 해결한다. 하나의 영상을 보고 감상과 생각을 댓글에 남길 수 있다. 그리고 관련 영상을 링크해서 서로 소통할 수도 있다. 이런 관계를 통해 개인의 콘텐츠가 가진 한계가 조금씩 해소될 수 있다'라고 했는데 이 문제는 MCN이 생겨서 많이 해결되고 있어."

"MCN은 또 뭐죠?"

"MCN은 Multi Channel Network의 약자로 여러 개의 채널을 관리하는 회사를 뜻해. 유튜브에서 수익을 내는 것은 광고 수입이야. 우리가 유튜브를 보려면 시작하기 전에 광고가 나오잖아. 동영상 중간에도 짧게 광고가 나오기도 하고 말이야. 유튜브는 이 광고비를 콘텐츠 제작자에게 일부 배분한단다. 잘나가는 크리에이터가 돈을 많이 번다는 건 알고 있지?"

세희와 은아가 고개를 끄덕였다.

"크리에이터가 버는 돈이 바로 이 유튜브에서 배분한 광고 수익금인 거야. MCN은 크리에이터가 좋은 콘텐츠를 만들어 내는 것을 지원하고 그 수익의 일부를 나눠 갖지. 세계적인 크리에이터가 소속된 MCN에서는 크리에이터가 동영상을 만드는 데 필요한 영상장비, 인력, 빅데이터까지 전폭적으로 지원을 하지. 수익의 일부를 나눠야 하긴 하지만 크리에이터는 더 좋은 환경에서 콘텐츠를 제작할 수 있어서 MCN에 소속되는 거야."

"와, 무슨 연예 기획사 같네요."

"하하, 그렇게 생각할 수 있겠구나."

아저씨와 아이들의 대화는 여섯 시가 넘을 때까지 이어졌다. 아저씨는 영상 공유 플랫폼인 유튜브뿐만 아니라 아프리카TV에 대해서도 설명해 주었다.

"2006년에 우리나라에서는 인터넷 개인 방송 서비스를 하는 아프리카TV가 생겼어. '텔레비전에 내가 나왔으면 정말 좋겠네' 하는 노래가 있잖아? 그 노래는 일반인이 텔레비전에 나가는 일이 쉽지 않기 때문에 생긴 노래야. 하지만 아프리카TV가 생겼으

국내 최대의 인터넷 방송 플랫폼인 아프리카TV의 메인 화면. 방송을 통해 수익 창출도 가능하게 되면서 전업 BJ가 생겼으며 1인 미디어 시대를 본격적으로 열었던 프로그램으로 평가받고 있다.

니 텔레비전에 나가고 싶으면, 나가면 되는 거야. 실제로 그런 꿈을 가진 사람들이 아프리카TV의 BJ가 되었어. BJ는 Broadcasting Jockey의 약자로 아프리카TV 방송을 하는 사람을 일컫지. 사람들은 BJ의 방송을 보고 만족한다는 의미로 별풍선을 보내는데 별풍선을 구입하려면 돈이 필요해. 그러니까 별풍선은 광고와 함께 BJ의 주요한 수익이 되는 거야. 물론 유튜브에도 아프리카TV의 별풍선과 유사한 크리에이터 후원 시스템인 슈퍼챗이 있어. 방송 도중에 시청자들이 공개 채팅창을 통해 후원 금액을 전할 수 있지. 또 아프리카TV의 방송 내용은 이후 동영상 콘텐츠로 다시 유튜브에 올라오기도 해. 그래서 최근에는 BJ가 유튜버, 혹은 크리에이터라고 불리기도 하고."

세희와 은아는 아저씨의 이야기 중 일부를 메모하며 열심히 들었다. 결국 그날 은아는 학원에 가지 못했다. 하지만 학원에 빠진 것이 불안하거나 후회되지는 않았다. 아저씨에게 들은 이야기는 충분히 흥미로웠기 때문이다. 게다가 슈트를 입고 뭐든 척척 설명하는 아저씨의 모습은 꽤 멋있어서 좋았다.

"아, 정말 너무 멋있지 않니?"

집에 돌아가는 길에 세희가 황홀하다는 듯 두 손을 꼭 쥐고 말했다. 은아가 고개를 끄덕였다.

"그치? 내 말대로 멋있지?"

이제야 자기 맘을 알아주니 세희는 답답한 속이 뻥 뚫리는 기분이었다. 그리고 아저씨가 멋있다고 느끼는 만큼 멋진 PPT를 만들어야겠다고 생각했다.

～～～

학원에서 돌아온 화주는 피곤했지만 노트북을 켜고 책상 앞에 앉았다. 다양한 콘텐츠 플랫폼이 등장했던 건 인터넷의 발달 덕분이다. 그런 면에서 인터넷에 대해 발표를 하기로 한 화주의 어깨가 무거웠다. 화주는 먼저 인터넷에 대한 내용 정리부터 시작했다.

128

인터넷

오늘날 세계를 연결하는 월드와이드웹(World Wide Web, WWW)은 영국의 과학자 팀 버너스 리에 의해 착안되었다. 일부 컴퓨터끼리 통신망을 통해 메일을 보내거나 소통하던 것에서 벗어나 인터넷 사이트에 접속하면 누구나 문자, 그림, 음성 등 다양한 데이터를 얻을 수 있게 하는 것이다. 1991년 처음 시작된 인터넷 서비스는 오늘날 우리에게 상상하기 힘들 정도로 큰 영향을 미쳤으며 그 변화는 지금 이 순간에도 계속되고 있다.

인터넷을 거미줄에 비유하곤 한다. 인터넷에서는 물리적인 거리를 생각할 필요 없이 사방팔방 어디든 연결된다. 그래서 우리는 인터넷으로 어디든 갈 수 있고, 누구든 만날 수 있다. 인터넷으로 연결하고, 연결하면 닿지 않는 곳이 없다. 거미줄처럼 촘촘히 연결되는 것이다.

초기 인터넷 형태를 웹 1.0이라고 한다. 인터넷에 개인이나 기업, 단체가 사이트를 만들 수 있었다. 사이트는 개인이나 기업의 방처럼 꾸며지고, 이를 보기 위해 찾는 사람이 생긴다. 하지만 아직까지는 개별적으로 접근하는 정도다. 이것은 인터넷의 최종 목표와는 거리가 있다. 이후 웹 2.0이 시작된다. 개별적인 사이트 형태에서 벗어나 하나의 사이트에 들어가면 그와 관련하여 연결, 연결 되는 형식이다. 또 웹 1.0에서는 포털 사이트 중심의 인터넷 환경이었는데 웹 2.0에서는 개인의 참여가 활발한 형태로 바꿰게 된다. 사람들은 궁금한 것이 있을 때 포털 검색창에 질문을 하기 시작했고, 질문의 답은 또 다른 인터넷 사용자가 해 주었다. 답을 주는 사용자를 한 포털 사이트에서는 '지식인'이라고 불렀는데 지식인은 누구나 될 수 있었다. 이런 과정이 쌓이고 쌓여 지금은 한 가지 질문에 달린 여러 개의 답을 골라 읽을 수 있다. 인터넷의 개방성은 사용자의 적극적인 참여로 지식을 공유하는 단계에 이른 것이다. 이런 모습은 다른 여러 분야에서도 활용되어 우리 생활에 큰 변화를 일으키고 있다.

예를 들면 에어비엔비(airbnb)는 여행자에게 집을 빌려주는 사이트다. 집을 빌려주기를 원하는 사람은 에어비엔비에 자기 집을 올리고, 집을 빌리기를 원하는 사람은 에어비엔비 사이트에 가서 집을 찾아 빌리면 된다. 카카오 택시는 택시와 승객을 연결해 주는 사이트다. 택시를 타려는 승객이 카카오택시 사이트에 들어가서 택시를 부르면 승객과 가까운 위치의 택시 가운데 한 대가 승객을 태우러 간다. 이런 식으로 인터넷은 사이버 공간뿐만 아니라 실생활에서도 쓰임이 늘고 있다. 에어비엔비나 카카오택시는 기차나 버스를 타기 위해 플랫폼에 사람들이 모이는 것처럼 집을 빌리고, 택시를 잡기 위해 찾는 플랫폼이 되는 것이다. 인터넷에는 이런 식의 플랫폼이 많이 있다. 인터넷 플랫폼은 공급자와 수요자를 연결하는 인터넷 공간으로, 인터넷 플랫폼이 생겨나면서 세상에는 디지털 생태계가 만들어지고 있다. 개인과 개인을 연결하는 사생활의 디지털 생태계를 대표하는 것은 페이스북이다. 디지털 지도 생태계는 구글 지도가 만들고 있다. 동영상이 퍼져 나가는 디지털 생태계는 유튜브다. 이런 식의 플랫폼은 계속해서 만들어지고 있어서 디지털 생태계의 확장은 이어질 것이다.

그날 밤 화주와 세희, 은아처럼 수현이도 PPT 준비를 하고 있었다. 수현이가 조사할 내용은 블로그와 팟캐스트다. 수현이는 컴퓨터를 켜서 오랜만에 자기 블로그에 들어가 봤다. 최근에는 블로그 활동을 거의 하지 않아서 썰렁하게 느껴졌다. 하지만 중학교 때 스크랩한 글이랑 써 놓은 글을 보고 있자니 시간 가는 줄 몰랐다. 블로그 글마다 친구들과 가족이 남긴 댓글은 새록새록 그때를 떠오르게 했다. 블로그를 보는 것은 어린 시절 일기장을 보는 것처럼 묘한 기분이 드는 일이었다.

"아이고, 이러다 밤새겠네."

수현이는 감상적인 기분에서 빠져나오려는 듯 긴 숨을 한 번 내뱉고 블로그와 팟캐스트에 대한 내용 정리에 들어갔다.

블로그

한마디로 간편한 개인 사이트라고 할 수 있다. 세상에는 사람과 사람을 연결하는 소셜 네트워크 서비스가 많이 있는데 블로그는 개인이 운영하는 웹사이트로 사람들이 서로의 블로그를 방문하며 소통하게 된다. 블로그가 생겨나기 전 개인 홈페이지를 만드는 것은 쉽지 않은 일이었지만 블로그의 등장 이후 개인 홈페이지라 할 수 있는 블로그는 세상과 활발하게 소통할 수 있는 인터넷 플랫폼이 되었다.

하지만 블로그의 활성화에도 문제는 있었다. 많은 사람들이 블로그를 쓰다 보니 이를 통해 제품이나 서비스 등을 광고하는 일이 많아졌다. 블로그를 통해 원하는 정보를 얻는 것은 좋은 일이지만 광고에 휘둘리는 건 기분 좋은 일은 아니었다. 일명 파워 블로거들은 기업 광고를 통해 돈을 벌어들였고 블로그의 순수성은 훼손되었다는 평가를 받았다. 그리고 마이크로블로그, 즉 짧은 문구로 소식을 전하고 실시간으로 업데이트할 수 있는 페이스북이나 트위터, 인스타그램 등의 사용이 늘며 블로그 사용은 줄고 있다.

팟캐스트

유튜브가 개인 텔레비전이라면 팟캐스트는 개인 라디오라고 할 수 있다. 팟캐스트의 팟은 애플의 MP3 플레이어인 아이팟(iPod)에서 따온 것이고, 캐스트는 방송을 뜻하는 브로드캐스트(Broadcast)에서 유래했다. 이름처럼 방송을 녹음해서 인터넷에 올리면 사람들은 파일을 다운받아서 듣는 드디어 콘텐츠 동아리의 첫 번째 활동인 PPT 발표가 있는 날이다. 소녀는 긴장이 되어 어제 늦게까지 잠을 자지 못했다. 하지만 긴장해서인지 아침에도 금방 눈이 떠졌다. 아이들 앞에서 발표를 하다니, 누가 시킨 것도 아닌데 스스로. 평소 사람들 앞에 나서기를 꺼리던 소녀는 자기에게 도대체 무슨 일이 벌어지고 있는 건가 싶은 생각이 들 정도였다. 그리고 눈꺼풀을 뒤집기라도 할 듯이 힘을 주어 눈을 크게 떠 봤다. 그제야 정신이 더 드는 느낌이었다.

"오늘 세미나실에서 콘텐츠 동아리 발표가 있다고 했지?"

조회 시간에 담임 선생님이 말씀하셨다. 이미 여러 번 광고를 했던 터라 반 아이들은 잘 알고 있었다. 동아리 활동은 정규 수업으로 매주 두 시간씩 정해져 있다. 하지만 많은 동아리가 담당 선생님의 주도하에 이뤄지곤 했다. 학생들이 자율적으로 만든 동아리에서 발표회를 한다는 것은 흔치 않은 일이라서 아이들도, 선생님들도 관심이 많았다. 화주를 비롯한 동아리 회원들은 긴장이 되면서도 자신들이 그 일을 해낸다는 자부심이 있었다. 자부심을 갖는 데는 담임 선생님의 응원도 한몫했다.

"선생님도 이따가 꼭 가서 볼 생각이야. 다른 동아리 하는 친구들도 참고 삼아 봐도 좋을 거라는 생각이 드는구나."

"뭘 참고하는 건데요?"

늘 엉뚱한 말을 잘하는 아이가 손을 들고 물었다. 선생님은 당황하며 선뜻 대답을 하지 못했다.

"아, 뭐, 그냥. 그냥 다른 동아리는 어떻게 하나 보라고. 바쁘면할 수 없고."

담임 선생님이 우물쭈물하는 모습을 본 아이들이 웃었다. 소녀도 아이들을 따라 웃으며 긴장을 풀었다.

～～～～

"안녕하십니까? 콘텐츠 동아리 회장 정화주입니다."

화주가 가뜩이나 큰 목소리에 힘을 주어 인사를 했다. 소녀는그 모습이 든든하니 좋았다. 화주의 큰 목소리만큼이나 큰 박수가나왔다.

"저희 콘텐츠 동아리는 콘텐츠 창작을 위한 활동을 하려고 합니다. 따라서 콘텐츠를 보여 주는 광장이라고 할 수 있는 플랫폼에 대해 알아보기로 하였습니다. 인터넷, 유튜브, 블로그, 팟캐스트, SNS 등 다양한 인터넷 플랫폼을 알아볼 생각입니다. 관심 가지고 지켜봐 주시기 바랍니다."

화주는 인사까지 씩씩하게 하고 잠시 물러났다. 다시 박수 소리가 나오고, 세미나실의 불빛이 어두워졌다. 그리고 슬라이드가 정면을 비췄다. 첫 번째 발표자는 회장 화주였다. 화주는 인사말을 할 때와 달리 톤을 낮춰서 발표를 시작했다.

"여러분, 우리나라에 초고속 인터넷 사용자는 얼마나 될까요?"

화주의 질문에 세미나실 여기저기에서 다양한 숫자를 외치는 소리가 들려왔다. 화주는 잠시 그 이야기를 들어 보더니 우리나라 초고속 인터넷 사용자는 2015년 기준 2,000만 명이라고 말했다. 초고속 인터넷 사용자는 해가 갈수록 빠르게 늘어나며, 사람들이 인터넷을 사용하는 시간도 평균 네 시간이 넘는다는 것이다. 또한 최근에는 초고속 인터넷보다 10배 빠른 기가(Giga) 인터넷의 보급도 확대되고 있다고 덧붙였다.

"한번은 통신케이블에 불이 나는 사고가 있었습니다. 통신케이블선이 불에 탄 것이니 흔히 일어나는 화재 사고처럼 보일 수 있었습니다. 그런데 케이블선이 불에 타서 제 기능을 못 하자 우리는 원시시대로 돌아간 듯이 불편해지기 시작했습니다. 전화가 안되고, 카드를 사용할 수 없으며, 회사 일도 할 수 없었고, 텔레비전도 볼 수 없었습니다. 모두 인터넷이 되지 않았기 때문입니다."

화주의 설명에 모두 집중하고 있는지 세미나실은 겨우 숨소리만 들리는 정도였다.

"인터넷은 끊임없이 발전하며 우리 생활 깊숙이 자리하게 되었습니다. 그리고 인터넷의 발달로 우리는 4차 산업혁명에 이르게 되었지요.

1780년대 증기기관과 기계화로 영국에서부터 산업혁명이 시작되었습니다. 이것을 1차 산업혁명이라고 부릅니다. 그리고 약 100년 후 1870년대 전기를 이용한 대량 생산 시대를 맞이합니다. 2차 산업혁명이 시작된 겁니다. 3차 산업혁명은 다시 약 100년 후 컴퓨터로 인한 정보화·자동화 생산시스템으로 이루어지지요. 새로운 산업혁명을 위해 우리는 다시 100년을 기다리게 될까요? 아니요. 머지않아, 아니 지금 이 순간 4차 산업혁명은 시작되고 있습니다.

요즘 광고를 보면 인공지능에 대한 이야기가 많이 나오지요. 내 기분에 맞춰 음악을 틀어 주고, 냉장고에 든 음식으로 만들 수 있는 요리법을 냉장고가 알려 주는 등 사람을 대신하고 돕는 기능이 생겨나고 있습니다. 인공지능과 로봇이 사물을 지능적으로 움직이게 되면서 산업의 모습은 획기적으로 바뀔 겁니다. 이것이 바로 4차 산업혁명의 모습인 것이지요. 4차 산업혁명이 본격화되면

사람·사물·공간·데이터 등 모든 것이 인터넷으로 서로 연결되어, 정보가 생성·수집·공유·활용되는 초연결 인터넷을 말하는 사물인터넷(Internet of Things, IoT)은 이미 우리 생활에 영향을 미치고 있다.

인간이 하던 일 중 많은 부분을 로봇과 인공지능이 맡아서 하게될 거라고 합니다.

　일이 줄면 우리는 어떻게 해야 할까요? 한 과학자는 4차 산업혁명에 사람이 할 일은 '노는 것'이라고 말합니다. 잘 노는 것이우리 인간이 할 일이라는 것입니다. 그렇다면 우리에겐 더더욱좋은 콘텐츠가 필요해질 것입니다. 인터넷으로 생겨난 플랫폼은콘텐츠를 즐기는 사람에겐 아주 중요한 놀이터가 될 가능성이 높습니다."

화주가 막힘없이 이야기를 이어 가는 동안 세미나실 속 호기심은 점점 차오르고 있었다. 화주는 분위기를 잘 살려 그동안 준비했던 인터넷에 대한 설명을 훌륭하게 마쳤다.

화주에 이어 나설 사람은 세희와 수현이었다. 세희는 수줍어하면서도 그동안 은아와 함께 준비한 유튜브에 대한 설명을 잘 마쳤고, 수현이는 재미있는 팟캐스트의 일부를 들려주며 블로그와 팟캐스트에 대한 설명을 마쳤다. 마지막은 소녀의 차례였다.

"안녕하세요."

소녀가 잔뜩 긴장을 하며 인사를 했다. 앞서 했던 아이들의 발표 내용이 좋았던 터라 소녀를 향한 박수 소리도 매우 컸다.

"제가 발표할 내용은 소셜 네트워크 시스템, SNS입니다. SNS는 오늘날 사람과 사람을 연결하는 중요한 역할을 합니다. 많은 사람들이 SNS에 자신의 기분, 생각을 드러내고, 자신이 먹은 것, 본 것, 입은 것 등을 표현합니다. 자신의 일상을 콘텐츠화해서 SNS라는 플랫폼에 내놓는 것이지요."

목소리가 떨렸지만 소녀는 차근차근 설명을 이어갔다.

"세계에서 가장 많은 사람들이 사용하는 SNS는 페이스북입니다. 페이스북은 2004년 미국의 하버드대학에서 시작되었지요. 마크 주커버그는 학생들 수십 명을 회원으로 하는 하버드 네트워크를 만들었어요. 당시 이 네트워크의 이름은 '더페이스북(Thefacebook)'으로 대학 내 공지 내용이나 학생들 사이의 친구나 지인을 찾아주는 서비스를 하고 있었지요. 이후 마크 주커버그는 더페이스북의 규모를 확대했고 이는 오늘날 세계인을 연결하는 페이스북이 된 것이지요."

소녀가 페이스북에 대한 설명을 이어 가자 수현이가 '역시 하버드'라며 감탄을 했다. 그런 수현이의 모습에 세희는 불만이라는 듯 고개를 절레절레 흔들었다. 하지만 아이들은 이내 소녀의 이야기에 다시 집중했다.

"SNS는 스마트폰 사용이 늘면서 더 활발해졌는데요. 손안에 인터넷이라고 할 수 있는 스마트폰의 사용으로 SNS 환경은 매우 좋아졌지요. 언제든 자신의 이야기를 SNS에 올릴 수 있게 되었고, 상대의 SNS를 볼 수 있었어요. 상대의 SNS 내용에 '좋아요'를 손쉽게 누를 수 있었던 거지요. 실시간으로 이어지는 소통에 SNS의 위력은 더해졌는데요. 한 가구 제조 기업은 SNS를 이용한 홍보로 큰 성과를 얻었어요. 이런 방법은 이제 기업뿐만 아니라 음식점 등 작은 가게에서도 흔히 사용하는 홍보 방법이 되었지요. 상품이나 가게 사진을 SNS에 올리거나 이름을 해시태그하면 선물을 주는 식이지요. 혹은 홍보를 의도하지 않았지만 홍보의 효과를 얻는 경우도 있습니다."

슬라이드 화면에 귀여운 만화가 나왔다. 사람들은 모두 만화에 집중했다. 간결한 그림에 많지 않은 글은 한번에 눈길을 끌었다. 소녀는 사람들이 만화를 볼 수 있게 조금 시간을 두고 기다렸다.

"이 만화는 어떤 사람이 SNS에 올린 것입니다. 어떤가요? 재미있지요?"

소녀의 물음에 단번에 '네' 소리가 났다.

"이 만화는 도대체라는 작가가 그린 〈행복한 고구마〉라는 작품인데요, SNS에서 무려 500만 뷰를 기록했습니다. 이후 만화를 그린 작가는 자신의 이야기와 그림으로 책을 냈고, 그 책 역시 베스트셀러가 되었습니다."

사람들 사이에서 '와' 하는 탄성이 나왔다. 얼굴을 알지 못하는 누군가의 성공이었지만 함께 기뻐하는 소리였다. 그건 만화가 사람들의 마음을 말랑말랑하게 해 줬다는 의미이기도 할 것이다. 다시 화면에 사진 하나가 보였다. 시골 마을이 담긴 이미지였다. 소녀는 여기가 스위스의 '오베르무텐'이라고 설명했다.

"이곳은 전체 주민이 100명도 안 되는 작은 마을입니다. 한번은 마을 사람들이 마을 페이스북 계정을 만들고, 마을의 모습을 담은 동영상을 올렸어요. 이를 보고 '좋아요'를 누르면 그 사람을 '명예시민'으로 임명하는 이벤트를 벌였어요. 그리고 마을을 방문하여 찍은 사진을 올리면 그 사진을 마을 외양간에 붙이겠다고 했지요. 사람들의 반응은 뜨거웠어요. 마을을 찾는 관광객이 무려

250퍼센트나 증가했고, 명예시민이 된 사람은 1만 6000여 명이나 되었지요. SNS가 작은 마을을 세상의 주인공으로 만들어 주는 순간이었어요."

소녀는 실제 예를 통해 SNS의 영향력을 설명하려 한 것이었고, 효과는 충분해 보였다. 소녀의 PPT는 마무리 단계로 이어졌다.

"SNS에 열중하는 사람을 보며 간혹 관종*이라고 부르곤 합니다. '좋아요'를 받기 위해 엽기 사진을 찍고, 확인되지 않은 루머와 다른 사람의 치부도 아무렇지 않게 SNS에 드러내는 경우, '좋아요'는 진짜 '좋아요'가 될 수 없습니다. SNS의 콘텐츠는 '관종'을 넘어서는 무언가가 있어야 하지 않을까요? 사람은 누구나 자신을 설명하고 싶어 한다고 합니다. 이것은 사람 사이의 소통과 인정을 의미하기도 할 것입니다. 우리가 만드는 콘텐츠는 어떤 식으로든 자신을 담게 될 것입니다. 그래서 우리는 콘텐츠를 만들고 싶어 하고, 보고 싶어 하는 것이라고 생각합니다. 나를 설명하고, 콘텐츠를 통해 상대를 보는 것이지요. 이 콘텐츠는 페이스북 같은 플랫폼에서 쉽게 만날 수 있습니다. SNS에서 높은 턱이란 없는 셈입니다."

관심을 받고 싶어 하는 욕구가 지나치게 높아 병적인 상태에 이른 사람을 말하며 관심병이라고도 한다. 타인에게 관심을 받을 목적으로 인터넷 게시판에 글을 작성하거나 댓글을 달고, 이목을 끌 만한 사진이나 영상을 올리기도 한다.

소녀의 마지막 말에는 자신의 콘텐츠를 만들어 보라는 응원이 담겨 있었다. 그 응원에 호응하듯 여기저기서 열광적인 박수가 나왔다. 화주는 자리에서 일어나서 박수를 쳤다. 소녀는 사람들의 반응에 얼떨떨했다. 준비를 열심히 했기 때문에 떨리면서도 자신이 있었는데 이런 반응이 나올 줄은 몰랐다. 소녀의 얼굴이 붉게 달아올랐다. 얼떨떨하면서도 기쁨과 만족이 붉은 기운으로 가득 차오르는 느낌이었다.

7장

콘텐츠는 힘이 세다

"숲속에서 나무 한 그루가 부러져 쓰러지는 소리는, 숲속에 그 소리를 듣는 이가 아무도 없다면 누구에게도 들리지 않는다. 이와 마찬가지로 창조적인 아이디어는 그것을 받아들이고 실행에 옮기는 수용적인 애호가가 없으면 사라지고 만다."

춘희는 꼭 하고 싶은 말이 있었는지 준비해 온 글귀를 읽어 주었다.

"콘텐츠를 만드는 것도 중요하지만 다른 사람이 보고 즐기는 것이 중요하다는 얘기인가?"

"맞아요. 아무리 잘 만든 콘텐츠도 혼자만 본다면 큰 의미가 없다고 생각해요. 그래서 저는 모두들 나름의 활동을 해 보는 것이 좋겠다는 생각이에요. 간단하게 SNS 활동부터 하는 거예요. 다른 사람 글과 이미지를 올리는 것도 좋지만 자신의 생각을 담아내면 그게 나의 콘텐츠가 되는 거니까요. 전에 혹시 언니가 발표회에서 보여 줬던 것처럼 짧은 만화를 그려 보는 것도 좋을 거 같아요. 웹툰 좋아하는 은아 언니에겐 딱이죠."

　동아리 발표회를 무사히 마친 아이들은 오랜만에 아저씨를 찾아가 보기로 했다. 물론 세희가 낸 아이디어였다. 발표회의 시작과 성공에는 아저씨의 조력이 컸으니 가서 인사를 드려야 한다는 것이다. 세희의 속셈을 모르지 않았지만 틀린 말은 아니라서 아이들은 흔쾌히 따라나섰다. 소녀는 자기 동네로 가는 것이면서도 아이들의 뒤를 따랐다.

　"어, 내가 찾아간다고 카톡을 했는데……."

　벤치 근처까지 와서 세희가 두리번거리며 말했다.

　"뭐야, 아저씨랑 톡도 주고받는 거야?"

　은아가 눈을 가늘게 뜨며 말했다.

　"난 세계 아미들과 소통해. 당연히 아저씨랑도 소통을 해야지."

"아무튼 못 말려."

세희와 은아가 실랑이하는 사이에 아저씨가 걸어왔다.

"하이, 친구들."

"안녕하세요!"

아이들이 단체로 인사를 했다.

"하하, 반가워. 발표회는 잘 마쳤다며? 반응이 좋았다고 세희가 자랑을 많이 하던 걸."

아저씨는 아이들의 성과를 자기 일처럼 기뻐해 주었다.

"아저씨가 도와주셔서 수월하게 준비했어요. 책도 추천해 주시고, 조언도 해 주시고."

화주가 소녀와 세희를 번갈아 보며 인사말을 했다. 옆에 있던 수현이가 한 번 더 인사를 하며 말했다.

"아저씨 덕분에 콘텐츠 플랫폼에 대해 제대로 알게 되었어요. 유튜브, 페이스북, 블로그, 팟캐스트까지."

"그거 참 반가운 말이구나. 그 다양한 플랫폼이 모두 너희 손에 들려 있으니 이제는 너희가 그 주인공이 되면 되겠어."

"플랫폼이 우리 손에 들려 있다고요?"

세희가 고개를 갸웃하며 물었다.

"너희가 들고 있는 스마트폰 말이야. 그거 하나면 다 이용할 수 있는 거잖아."

"아아."

세희가 들고 있던 휴대전화를 한번 쳐다보곤 고개를 끄덕였다.

"요즘은 스마트폰 쓰지 않는 사람을 찾는 게 더 힘들잖아. 언제 어디서든 짬이 날 때마다 사람들이 들여다보는 게 스마트폰이고 말이야. 그래서 요즘 사람들을 호모 모빌리언스(homo mobilians)라고 부르지."

"호모 모빌리언스요?"

아이들은 호모 사피엔스까지는 들어 봤는데 호모 모빌리언스는 들어 본 적이 없었다. 자신들이 모르는 새로운 인류인가 싶었다.

"인간을 뜻하는 호모와 모바일을 섞은 말이야. 디지털의 발달로 사람과 사람의 소통과 문화 활동 등 생활 전반이 모바일로 이루어지는 현상에서 생겨난 말이지. 디지털 노마드(digital nomad)나 호모 스마트포누스(homo smartphonus)란 말도 있고."

"스마트폰의 사용으로 사람과 사람 사이에 부딪는 일이 줄어 아쉬울 때도 있지만 디지털 세상으로 다양한 콘텐츠 플랫폼이 생기는 건 좋은 일인 거 같아요."

아저씨의 말을 듣고 화주가 말했다. 화주의 말에 아저씨가 고개를 끄덕였다.

"그래, 어떤 일이든 좋기만 하거나 나쁘기만 한 일은 없어. 그래서 어떤 일이 일어나더라도 우리가 살아 낼 수 있는 거고 말이야."

아저씨는 대수롭지 않은 듯 말했지만 소녀는 그 말이 가슴에 와 닿았다. 힘든 사람에게 용기를 주는 말일 수도 있지만 힘든 일에 대해 너무 가볍게 말하는 것 같아 억울한 느낌이 들었다. 아저씨가 겪어 보지 않아 제대로 알지도 못하면서 하는 말이라고 따지고 싶을 때도 있었다. 하지만 그동안 아저씨에게 받았던 도움과 위로 때문이었는지 소녀는 슬며시 그 말을 믿어 봐야겠다고 생각했다. 힘들고 외로운 삶이라고만 생각했는데 그 삶 속에도 소녀에게 좋은 것이 있을지 말이다.

"모두들 손에 플랫폼을 들고 있으니 이제부터는 그곳에 자신의 콘텐츠를 만들어 세상에 보여 주는 게 어때? 콘텐츠 동아리의 진짜 활동이 시작되는 거겠지?"

"와, 생각만 해도 너무 신나요."

아저씨의 말에 세희가 적극적으로 반응을 보였다. 하지만 은아는 자신 없는 목소리로 말했다.

"플랫폼 PPT는 책이며 자료를 찾아서 하긴 했는데 콘텐츠는 어떻게 만들어야 할지 모르겠어요."

"소설은 허구라고 하지만 결국 작가의 생각이 담기는 글이야. 그러니까 콘텐츠를 만든다는 건 자신의 이야기를 하는 것이라고 생각해도 틀리지 않지. 너희의 이야기에 집중해 봐. 자신의 이야기를 다양한 형태로 나타낼 수 있는 거야. 자신의 이야기라고 해서 내가 직접 경험한 것으로 한정할 필요는 없어. 누군가의 이야기에 대한, 세상에서 일어나는 일에 대한 자신의 생각과 느낌도 너의 이야기가 되는 거지."

아저씨는 자신 없어 하는 은아를 쳐다보며 말을 이었다.

"세계에서 돈을 많이 번 유튜버 가운데 일곱 살 꼬마가 있어. 이 아이가 한 해 유튜브 활동으로 번 돈이 200억 원이 넘는다고 해."

"우와, 어떻게 그렇게나 많이……."

"놀랍지? 그런데 그 아이가 어떤 내용을 유튜브에 올렸을까?"

"글쎄요."

"그럼, 일곱 살 아이들이 좋아하는 건 뭘까?"

"장난감?"

"맞아, 이 아이의 영상은 바로 장난감에 대한 것이었어. 아이는 자신이 좋아하는 것, 결국 자신의 이야기를 한 거지."

꼬마 아이의 이야기를 들으니 은아는 한결 마음이 편해졌다. 일곱 살 꼬마도 하는 일이라니, 그리고 자신의 이야기를 하면 되는 것이라니. 자신도 못할 것 없겠다 싶었다.

"먼저 자신에 대해 시간을 가지고 생각을 한번 해 봐. 사람들은 자기를 잘 안다고 생각하는데 그렇지 않을 때도 많아. 다른 사람 눈치는 잘 보면서 자기가 원하는 게 무엇인지에 대해서는 그냥 지나치곤 하지. 일부러라도 자신을 들여다보는 기회를 가져 보는 게 좋아. 그래야 자신이 원하는 삶을 살 수 있고, 자신만의 콘텐츠도 만들 수 있을 거야."

아저씨는 시종일관 대수롭지 않다는 듯한 표정으로 말하고 있었지만 그 내용은 꽤 진지했다. 진지한 얘기는 보통 잔소리처럼 들리기 쉬운데 그 덕분에 아이들은 잔소리처럼 느끼지 못하고 아저씨의 이야기를 들었다.

"아저씨, 어쨌든 이야기를 해야 하는 거잖아요. 그런데 이야기를 어떻게 만들어야 할지 모르겠어요. 우리 동아리에 팬픽을 쓰는 아이가 있는데 저는 그렇게 잘 쓸 자신이 없거든요."

역시 적극적인 세희가 선생님께 질문을 하듯이 물었다.

"이야기에 대해 막연하게 생각하면 그럴 수밖에. 그럴 때는 우리가 좋아하는 이야기를 떠올려 봐. 세상의 이야기들이 다 새로운 것 같지만 기존에 있던 이야기에서 조금씩 다르게 변화된 것들이거든. 이것을 이야기의 변주라고 해. 기존의 이야기에 다른 가치와 세계관을 담는 거야. 신데렐라 이야기는 보통 착하고 예쁜 신데렐라가 가족에게 구박을 받다가 왕자님을 만나서 행복하게 사는 이야기야. 하지만 여기에서 신데렐라를 독립적이고 적극적인 여성으로 변화시키면 새로운 이야기가 될 거야. 신데렐라가 여성의 인권을 고민하는 이야기가 될 수 있는 거지. 흥부와 놀부도 착한 동생과 욕심 많은 형 이야기에서 '가장'으로서 흥부의 고민에

신데렐라가 왕자를 만난다는 기존의 〈신데렐라〉 이야기에서 신데렐라를 독립적이고 적극
적인 여성으로 변화시키면 새로운 이야기가 될 수 있다.

집중한다면 우리의 아버지에 대한 이야기가 될 수 있고 말이야."

관점을 바꾸고 어디에 집중하느냐에 따라 새롭게 바뀌는 〈신
데렐라〉와 〈흥부놀부〉 이야기가 아이들은 신기했다.

"이야기를 이루는 것은 인물, 배경, 사건, 구성, 시점, 서술 형태
등이 있어. 이것들을 어떻게 새롭게 할 것인지 고민하다 보면 기
존의 이야기에서 새로운 것을 만들어 낼 수 있어. 마블 코믹스를
원작으로 여러 편의 영화가 만들어진 건 알고 있지? 아이언맨이
나 스파이더맨을 따로 떼서 주인공으로 하는 영화를 만들고, 아이
언맨, 토르, 헐크, 스파이더맨, 블랙 팬서, 캡틴 아메리카, 블랙 위

도우를 모두 모아 〈어벤져스〉 시리즈를 만들지. 콘텐츠의 인물을 중심으로 다시 여러 가지 이야기를 만들어 내는 거야.

이야기를 만들기 위해 어떤 사람들은 '스토리헬퍼'의 도움을 받기도 해. 스토리헬퍼는 빅데이터를 활용한 스토리 창작 지원 프로그램이야. 영화, 애니메이션 1,300편에서 모티브 4만여 개를 뽑아서 글 작업을 지원하는 거지. 또 미국의 한 교수는 세상의 모든 이야기를 네 가지 나라로 구분했어. 모험의 나라, 사랑의 나라, 성공의 나라, 가족의 나라. 모험의 나라에서는 영웅담이나 구출, 탈출, 대재앙, 추적 같은 이야기들이 나오게 될 거야. 사랑의 나라에서는 순수한 사랑, 희생하는 사랑, 금지된 사랑 등의 이야기를 할 수 있을 거고, 성공의 나라에서는 라이벌, 음모, 복수, 실패, 역적 등의 이야기가 담기겠지. 마지막으로 가족의 나라에서는 성장, 갈등, 화해 등의 이야기가 나올 거야. 창작이라는 건 하늘에 뚝 떨어진 것이 아니니까 이런 식으로 이야기를 고민하고 풀어 나가면 되는 거야."

아저씨의 말에 은아의 어둡던 얼굴은 한결 밝아졌다.

"사람은 너무 낯선 것에는 쉽게 흥미를 느끼지 않아. 우리나라에 처음 SF 영화가 소개되었을 때 사람들은 그 영화를 좋아하지 않았어. 외국에서는 흥행을 했다는데 우리나라 사람들의 반응은 미적지근했지. 너무 낯선 이야기라 공감하기 힘들었던 거야. 이후 SF 영화가 늘고 관련 과학 교육이 이루어지면서 다른 나라처럼

이야기를 어떻게 새롭게 할 것인가를 고민하다 보면 기존의 이야기에서 새로운 이야기를 만들어 낼 수 있는데 〈어벤져스〉 시리즈가 그 예다.

아이언맨(CJ엔터테인먼트 배급, 2008년), 토르 다크 월드(월트디즈니스튜디오코리아 배급, 2013년), 헐크(유니버설픽처스 배급, 2003년), 어벤져스(월트디즈니컴퍼니코리아 배급, 2012년)

우리나라에서도 SF 영화가 흥행하기 시작했어.

하지만 익숙하기만 하다면 역시 흥미롭지 않겠지. 너무 익숙한 것에는 싫증이 나잖아. 신고 있던 운동화가 멀쩡한 데도 새 운동화에 마음이 끌리고, 굳이 운동화를 사는 것은 새것이기 때문이야. 새 운동화는 새로운 느낌을 주니까. 그래서 기업은 큰 기술 변화가 없더라도 외형에 조금씩 변화를 줘서 계속해서 신제품을 만들어 내는 거야. 새로움이 소비자를 공략하는 방법인 거지.”

“그래서 사람들이 신상, 신상 하는 거군요?”

“맞아, 새로운 것에 끌리는 마음은 콘텐츠에서도 마찬가지야. 그래서 창작을 할 때도 익숙한 것에 새로움을 주는 것이 필요해. 데자뷔라는 말 들어 봤지? 데자뷔는 예전에 경험했던 일이 다시 일어나는 것 같은 느낌이야. 데자뷔의 반대는 뷔자데인데 늘 보던 것이 마치 처음 본 것 같은 느낌이 드는 것을 말하지. 창작은 데자뷔가 아니라 뷔자데에서 시작되는 거야. 늘 보던 것도 마치 처음 보는 것처럼 새로운 관점에서 보고 느끼는 거지. 그러다 보면 새로운 창작이 가능해질 거야.

아까 팬픽을 쓴다고 했지? 스타는 팬들에겐 아주 친숙한 존재야. 친숙한 존재를 새롭게 느낄 수 있게 만들어 준다면 팬픽은 아주 흥미로운 콘텐츠가 될 거야. 그 아이가 그걸 잘 알고 글을 쓰고 있는 모양이구나.”

154

아저씨의 말에 수현이가 화주에게 귓속말을 했다.

"저 얘기 우리 춘희한테도 듣지 않았니? 어째 좀 묘하다."

수현이의 말을 듣고 보니 정말 그런 것 같았다. 하지만 아저씨의 이야기가 계속 되고 있어서 화주는 간단하게 고개만 까딱 하고는 아저씨의 말에 집중했다.

"인기를 끄는 콘텐츠 중에는 패러디물이 많이 있어. 패러디는 대표적인 변주에 해당하지. 패러디는 기존 창작물에 원작과는 다른 의미를 전달하기 위한 기법으로 풍자와 조롱을 할 때 많이 쓰였지. 요즘에는 유명한 영화의 한 장면이나 미술 작품을 패러디한 광고나 포스터를 많이 볼 수 있어. 유명해서 사람들이 잘 알고 있는 것을 비틀어서 새로운 느낌을 주는 거지."

"맞아요, 인터넷에 보면 웃긴 패러디 영화 포스터가 많아요."

은아가 웃으며 말했다. 은아의 말에 아이들이 모두 맞장구를 쳤다. 패러디는 그 정도로 흔하고, 효과가 좋은 콘텐츠였던 것이다.

아저씨를 만나고 온 아이들은 동아리 활동에 더 힘을 얻은 모양이었다. 그건 소녀도 마찬가지였다. 아저씨의 조언뿐만 아니라 동아리 발표회 이후 소녀의 SNS에 쏟아지는 팔로워 신청은 소녀에게 잘해 보라는 응원 같았다. 그저 다른 사람 SNS를 구경할 뿐, 별다른 활동을 하지 않던 소녀는 '혹시, 친구 될 수 있어요?' 하며 자기 이름을 센스 있게 넣어 말을 거는 사람들에게 대답이 하고 싶어졌다. SNS가 소녀의 손을 잡아끌어 사람들 속으로 데리고 가는 느낌이었고, 사람들 속으로 들어가면 그들의 온기를 훈훈하게 느낄 수 있을 것 같았다.

~~~~~

"발표회 준비하느라 고생 많았습니다. 발표회 이후 우리 동아리에 대한 관심이 높습니다. 뒤늦게 동아리에 들어오고 싶다는 아이들도 있고요. 이럴 때 좋은 콘텐츠를 만들어 낸다면 더 좋을 거라는 생각이 들었습니다."

회장인 화주가 나와 인사말을 하며 콘텐츠를 만들자고 권했다. 화주의 말에 아이들이 박수를 치며 좋아했다. 그리고 아이들은 두서없지만 콘텐츠에 대한 의견을 쏟아 내기 시작했다. 가장 먼저 이야기를 시작한 것은 은아였다. 은아는 학교에는 빠져도 웹툰 구독은 빠지지 않는다고 할 만큼 웹툰을 좋아했다.

"콘텐츠라고 하면 뭐니 뭐니 해도 재미있는 이야기가 기본인데 나는 웹툰이 정말 재미있어. 요즘 영화나 드라마를 보면 원작이 웹툰인 경우가 정말 많지. 웹툰은 1990년대 후반 인터넷 사용이 늘면서 시작되었어. 만화가들이 개인 블로그나 홈페이지에 만화를 연재하는 식이었지. 그러다 요즘 우리가 보는 웹툰의 형식을 갖추게 된 건 인터넷 포털 사이트 다음에서 웹툰 서비스를 시작하면서부터야. 그러니까 2003년부터였지. 이때 강풀 작가의 〈순정만화〉가 연재된 거야. 그리고 2004년부터는 네이버에서도 웹툰 서비스가 시작되었어.

웹툰의 최고 장점은 책과 영화가 갖는 한계를 뛰어넘을 수 있는 점이라고 생각해. 책 속 이야기를 통해 인간의 상상은 끝없이 자유로울 수 있어. 하지만 글로만 표현하기 때문에 생기는 한계가 있어. 한편 영화는 영상으로 표현해야 하는 특성 때문에 글보다 자유로울 수 없지. 그런데 웹툰은 자유로운 상상에 그림이라는 이미지까지 더해져 나름의 재미가 있지. 그래서 웹툰이 다루는 주제는 아주 다양해. 일상의 이야기부터 판타지, 액션, 스릴러, 스포츠, 역사, 로맨스 등 어떤 이야기든 다룰 수가 있지."

은아는 웹툰 덕후답게 꽤 자세히 설명을 했다. 그리고 마지막에는 지갑에서 접어 두었던 신문지 조각 하나를 꺼내 들었다.

"이건 내가 전에 보았던 기사를 모아 두었던 건데. 우리나라 웹툰에 관심을 가지는 나라가 많대. K-POP이 한류를 이끌었다면 웹툰이나 웹소설을 K-STORY라고 부르며 관심을 보인다고 하더군. 웹툰을 보는 사람도 계속 늘고 있는데 이용자 중 매일 보는 사람의 비율이 가장 많대. 2015년 조사 결과로는 매일 보는 사람이 36.2퍼센트, 2~3일에 한 번씩 보는 사람이 31.7퍼센트였어. 지금은 더 늘었을 거야. 이들이 보는 웹툰의 양도 적지 않아. 일주일을 기준으로 2~5편을 보는 사람이 가장 많은 38.6퍼센트였고, 6~10편 보는 사람도 무려 17.8퍼센트래. 참고로 나는 많이 볼 때는 한번에 수십 편씩도 봐."

"조사 결과까지 찾아가며 웹툰에 대해 설명한 건 잘했는데, 고2가 수십 편씩 웹툰을 보는 게 자랑은 아닌 거 같다."

수현이가 한심하다는 듯 입맛을 다시며 말했다. 그리고 수현이는 자신이 좋아하는 게임 이야기를 시작했다.

"웹툰이 한류를 잇는다고 했는데 우리나라 콘텐츠 가운데 K-POP을 잇는 다음 주자는 게임이 아닐까 해. 우리나라에서 만든 게임은 세계인이 즐기고, e-SPORT 실력도 세계 최강이라서 e-SPORT 선수들의 인기는 K-POP 가수들 못지않아. 더구나 요즘 게임은 스토리가 있고 멋진 음악과 영상까지 어우러져 디지털 문화의 총체라고 할 수 있지. 또 게임이 좋은 이유는 웹툰이나 웹소설이 정해진 콘텐츠를 즐기는 것에 비해, 게임은 자신이 주인공이 되어 이야기에 개입할 수 있다는 점이야. 게임을 하면서 나만의 콘텐츠를 만든다고나 할까?"

수현이의 말에 이번에는 은아가 혀를 찼다.

"참, 게임하는 이유를 그럴듯하게 포장하는구나."

디지털 원주민답게 아이들은 이미 많은 콘텐츠를 누리고 있었으며, 콘텐츠의 특성에 따라 다른 재미를 느끼고 있었다. 그러면서 서로 자신이 좋아하는 콘텐츠가 더 재미있다며 실랑이를 하는 셈이었다. 이때 동아리의 에이스라고 할 수 있는 춘희가 나섰다.

"창조성에 대해 연구하는 칙센트미하이*는 자신의 책에서 이런 말을 했어요."

> 숲속에서 나무 한 그루가 부러져 쓰러지는 소리는, 숲속에 그 소리를 듣는 이가 아무도 없다면 누구에게도 들리지 않는다. 이와 마찬가지로 창조적인 아이디어는 그것을 받아들이고 실행에 옮기는 수용적인 애호가가 없으면 사라지고 만다.*

춘희는 꼭 하고 싶은 말이 있었는지 준비해 온 글귀를 읽어 주었다.

"콘텐츠를 만드는 것도 중요하지만 다른 사람이 보고 즐기는 것이 중요하다는 얘기인가?"

글귀를 듣고 한 아이가 말했다. 춘희는 고개를 끄덕였다.

"늘 방탄소년단이 아미에게 감사하다고 전하고, 자신들의 성공

---

* 40년간 미국 시카고대학교 심리학과, 교육학과 교수를 역임했고 '창조성과 행복의 관계'에 대해 지속적으로 연구해 왔다.
* 미하이 칙센트미하이가 쓴 『창의성의 즐거움』(북로드)에서 발췌하였다.

이 아미 덕이라고 하는 것처럼?"

방탄소년단의 팬인 세희가 말했다.

"맞아요. 아무리 잘 만든 콘텐츠도 혼자만 본다면 큰 의미가 없다고 생각해요. 그래서 저는 모두들 나름의 활동을 해 보는 것이 좋겠다는 생각이에요. 간단하게 SNS부터 하는 거예요. 다른 사람 글과 이미지를 올리는 것도 좋지만 자신의 생각을 담아내면 그게 나의 콘텐츠가 되는 거니까요. 전에 혹시 언니가 발표회에서 보여 줬던 것처럼 짧은 만화를 그려 보는 것도 좋을 거 같아요. 웹툰 좋아하는 은아 언니에겐 딱이죠."

춘희의 말에 화답을 하듯 은아가 활짝 웃었다.

"하지만 퍼거슨 감독이 이런 말도 했잖아. SNS는 인생의 낭비* 다!"

춘희의 말에 한 아이가 제동을 걸었다.

"물론 의미 없는 SNS는 낭비일 수도 있겠지요. 그런데 콘텐츠를 만드는 우리는 적극적으로 SNS를 이용해야 한다고 생각해요. 아까 방탄소년단 이야기를 했는데 그들이 지금 세계적인 스타가 될 수 있었던 건 유튜브와 SNS 활동 덕이 컸다고 해요. 유튜브와

🪔 맨체스터 유나이티드 FC 전 감독을 맡았던 영국의 알렉스 퍼거슨이 해당팀 주축 선수로 활약하던 웨인 루니 선수가 트위터에서 한 팔로워와 설전을 벌이는 것을 보고 한 말이다. 퍼거슨이 SNS를 무조건적으로 비난했다기보다 책임질 수 없는 일은 하지 말아야 한다는 조언이 담긴 것으로 해석하는 것이 적합하다.

SNS가 없었다면 작은 기획사에서 탄생한 그들을 세계에 알리는
건 어려웠을 테니까요."

춘희의 말은 계속 이어졌다.

"방탄소년단 이전에 우리나라 가수 중 세계적으로 인기를 끈
가수는 싸이였어요. 싸이는 〈강남스타일〉* 뮤직 비디오가 유튜
브를 통해 알려지면서 세계적인 가수가 될 수 있었지요. 간혹 역
주행으로 음원차트 1위를 기록하는 경우가 있는데요. 윤종신의
〈좋니〉라는 곡은 처음 발표되었을 때 큰 관심을 받지 못했어요.
이후 〈좋니〉 따라 부르기 이벤트가 열리고, 일반인들이 이 노래를
부르는 영상이 유튜브에 올라오면서 다시 대중의 관심을 받았대
요. 멜로망스의 〈선물〉이라는 노래도 멜로망스가 〈유희열의 스케
치북〉이라는 TV 프로그램에 나가고, 이 노래를 워너원의 하성운
이 부르는 영상이 유튜브에 올라오면서 다시 관심을 받고 음원 차
트 1위에 올랐죠. 콘텐츠 플랫폼을 이용하는 건 정말 중요해요."

"그래도 결국에는 좋은 콘텐츠였기 때문에 그런 일이 가능했다
고 생각하는데?"

"맞아요. 결국에는 콘텐츠가 중요하지요. 하지만 우리는 이제
막 시작하는 거니까 당장 좋은 콘텐츠를 만들어 내긴 힘들 거예

2012년 이 곡이 발표되고 2개월 만에 유튜브 조회수 2억 7000만을 넘기며 세계적인
인기를 얻었고, 2014년에는 유튜브 최초로 조회수 20억 건을 돌파하는 기록을 세웠다.

요. 우선 시작을 하면 점점 잘하게 될 테니 시작해 보자는 거죠."

아이들은 춘희의 말에 수긍했다. 당장 멋진 영상을 만들고, 글을 쓰고, 사진을 찍는 것은 어렵겠지만 생각을 짧은 글로 남기는 정도라면 할 수 있겠다는 생각이 들었다. 이제부터 시작인 거다.

〰〰

오늘은 특별한 주말이다. 소녀의 엄마는 한 달에 두 번 주말에 쉰다. 오늘이 바로 그날인 것이다. 엄마는 방바닥에 누워 텔레비전을 틀었다. 그것이 엄마의 가장 여유로운 휴식이었다. 보통 아줌마들은 텔레비전 드라마를 많이 본다고 하는데 소녀의 엄마는 드라마 하는 시간에 일을 하기 때문에 평소 드라마를 볼 기회가 별로 없다. 간혹 주말에 하는 드라마 재방송을 보는 것이 전부였다. 오늘도 소녀의 엄마는 이리저리 채널을 돌리며 볼 만한 드라마를 찾았다. 그러다가 한 드라마를 보기 시작했다.

드라마 주인공은 세상에서 가장 약할 것만 같은 여자다. 거센 바람에 흔들리는 가녀린 모습은 그녀가 처한 상황을 보여 주는 것 같다. 그 여자는 어마어마한 일을 견디고 견디다가 죄를 짓고 감옥까지 다녀오게 된다. 감옥에 다녀온 것은 이 여자를 더 보잘것없게 만든다. 여자는 늘 자신을 거부했던 세상과 어울려 살려고

하지 않는다. 그리고 자신을 바라보는 모든 사람에게 어서 손가락
질을 하라는 듯이 행동한다. 하지만 여자의 회사 상사는 여자의
상황을 아무렇지 않은 일인 듯이 들어 준다. 그리고 '아무것도 아
니다'라고 말한다. 여자에게 일어난 엄청난 일들은 아무것도 아니
라고 생각하면 아무것도 아닌 것이 되니 지금보다 편해져도 된다
고 하는 것이다. 소녀의 엄마는 그 대사를 따라 읊조렸다.

"아무 것도 아니다. 아무 것도 아니다."

그리고 소녀를 부르고 다시 말한다.

"혹시야, 이 말 너무 좋다. 아무 것도 아니다."

소녀는 그런 엄마를 빤히 쳐다봤지만 엄마는 눈치 채지 못하고
드라마에 몰두했다. 소녀는 엄마가 지금 드라마 대사 한 줄에 위
로 받고 있다는 게 느껴졌다.

'엄마 인생에 힘든 일이 많았구나. 그런 일이 있을 때마다 엄마
는 크게 좌절했는데 누구에게도 위로받을 수 없었던 거야. 엄마도
드라마 주인공처럼 그 힘든 일이 아무 것도 아니라는 말을 듣고
싶었던 거야.'

소녀는 드라마 대사 한마디가 누군가를 좌절에서 꺼내 줄 수도
있다는 걸 눈앞에서 보았다. 한동안 엄마를 바라보던 소녀는 스마
트폰으로 검색해서 다른 드라마 재방송 시간을 찾아봤다. 그 드라
마는 엄마가 아주 좋아하는 드라마였다. 몸집이 작은 여자가 어마

어마한 힘을 가진 만화 같은 이야기를 엄마는 무척 좋아했다. 어린아이가 어벤저스가 되고 싶어 하는 것처럼 엄마는 드라마 주인공처럼 힘이 세지고 싶다고 했다.

"그러면 집에 올 때 뛰어오지 않아도 될 텐데."라며 혼자말도 했다. 엄마는 일이 늦게 끝나서 늘 어두울 때 집으로 돌아온다. 집에 들어오는 엄마의 모습은 분주하다. 무서워서 집까지 뛰어오기 때문이다. 엄마를 닮았는지 그건 소녀도 비슷했다. 소녀는 겁이 많아서 밤이면 혼자 밖에 나가는 걸 아주 무서워했다. 이불 속에 누워 달그림자를 보며 상상을 하는 것도 무서운 마음에 쉽게 잠들지 못하기 때문이었다. 그래서 소녀는 엄마가 집에 있는 주말이 더욱 소중했다.

"엄마, 한 시에 엄마가 좋아하는 힘센 여자 나오는 드라마 재방송해."

"그래? 그럼 조금 이따가 그 드라마 보면 되겠네. 우리 자장면 시켜서 먹으면서 같이 보자."

엄마는 신이 나서 말했다. 소녀도 좋다고 했다. 드라마 대사 한마디에 위로를 받았으니, 다음에는 힘센 여자 주인공을 보며 만족감을 만끽하리라. 소녀는 이 순간 드라마 콘텐츠가 주는 위로와 기쁨이 고마웠다.

8장

세상을 향해 열린 문

"공감은 사람들에게 위로를 주지. 같은 감정을 느낀다는 것만으로 사람은 위로를 받거든. 너무 힘들어 울고 싶을 때, '네가 너무 힘들겠구나' 하고 누군가 말해 줬을 때 갑자기 눈물이 툭 쏟아진 적 있지?"

아이들은 정말 그렇다며 고개를 끄덕였다.

"어떤 음악은 들으면 눈물이 날 때가 있어. 그건 음악이 마음에 와 닿았기 때문이야. 음악에서 같은 감정을 느끼는 거지."

"그럼, 콘텐츠를 만들 때 사람의 마음을 움직일 수 있는 것이 무엇일지 고민해야겠네요?"

"그래, 간혹 사람들의 호기심만 자극하는 콘텐츠들이 있기는 하지만 너희가 만들려는 콘텐츠는 사람의 마음을 울리는 것들이면 좋겠어. 그게 콘텐츠의 의미이고 기계가 할 수 없는 인간의 영역이 될 테니까."

"헐!"

스마트폰을 보던 소녀가 자기도 모르게 '헐' 하는 소리를 냈다. 그 소리는 정말 놀라서 낸 소리라 주위 친구들이 모두 들을 수 있을 정도였다.

"왜, 왜?"

소녀 뒷자리에 있던 세희가 가장 먼저 반응을 하며 소녀의 스마트폰을 들여다봤다. 그러더니 믿기 힘들다는 듯 소녀의 스마트폰을 뺏어 한 글자 한 글자 확인했다.

"어머, 어머, 어머나!"

세희의 목소리는 점점점점 커졌다. 그 소리에 반 아이들 모두가 세희와 소녀 쪽을 바라봤다.

"혹시가 SNS에 올린 글을 랩신이 가사의 일부로 쓰고 싶대."

세희의 말에 반 아이들이 모두 놀라 환호성을 질렀다. 랩신이라면 요즘 가장 핫한 랩퍼 중 한 명이다. 소녀는 이것이 진짜인지, 어떻게 이런 일이 자신에게 벌어진 것인지 얼떨떨했다. 평소 랩신의 SNS를 늘 본다는 한 아이가 진짜라며 확인을 해 주었다.

"와, 어쩜 이런 일이 다 있냐. 랩신에게 친구 신청을 받다니."

"지금 친구 신청이 문제냐. 혹시의 글이 노래가 된다잖아. 그것도 랩신의!"

아이들은 좀처럼 흥분을 가라앉히지 못했다.

"노래 나오면 저작권료도 받는 거잖아?"

"맞아, 랩신은 인기가 많아서 노래 나오면 바로 차트에 오를걸. 그럼 저작권료가 어마어마할 거야."

세희가 돈을 뿌리는 시늉을 해 보였다.

"저작권료 받으면 피자 돌려라. 응?"

수현이가 소녀를 툭 치며 말했다. 소녀는 아직도 얼떨떨해서 금방 대답을 못하고 있었다.

소녀가 가만히 있자 은아가 정색을 하며 말했다.

"혹시, 혹시 너? 피자에 치킨까지 사려는 거야?"

은아의 말에 아이들은 까르르 웃어 재꼈다. 신나는 상상을 하며 반 아이들은 모두 SNS에 올라온 소녀의 글을 찾아 읽었다.

선생님, 바꿔 주세요!

가진 사람, 든 사람, 윗사람, 센 사람

세상에선 모두 선생님.

가지고 있는 척!

배워서 아는 척!

나이로 어른인 척!

권위로 센 척!

높이 있어서 깔보고, 있어서 부리고, 알아서 무시하는

선생님들.

바꿔 주세요, 바꿔 주세요.

    글의 제목은 중의적이었다. '선생님 바꿔주세요'는 이런 선생님
을 바꿔 달라는 의미이기도 했고, 선생님들이 바꿔 달라는 뜻이기
도 했다. 모든 선생님이 이렇다는 건 아니지만 소녀는 선생님들에
게 상처를 받은 일이 있었다. 십대는 또래끼리 보내는 시간이 많
다지만 어릴 때는 부모님, 선생님 같은 어른에 둘러싸여 생활을
한다. 어른의 보호 속에 자라는 것이다. 그런데 어른의 보호는 가

끔 아이들을 억울하게 만들곤 한다. 전후 사정 따지지 않고 어른의 눈에 틀렸다 싶으면 혼이 날 때가 있는데, 더 견디기 힘든 것은 혼나는 상황이 어른의 기분 상태에 따라, 혹은 어떤 아이냐에 따라 달라지는 것이다. 어른이 기분이 나쁠 때면 아무 일도 아닌 일에도 혼이 나고, 기분이 좋을 때는 혼날 일에도 혼나지 않고 넘어간다. 공부를 잘하거나, 있는 집 자식이면 혼날 일에도 혼나지 않거나 조금만 혼이 나고, 공부를 못하거나 없는 집 자식은 혼날 일이 아닌데 혼나거나 더 심하게 혼이 난다. 소녀는 그런 일들이 오랜 시간이 지나도 잘 잊히지가 않았다. 소녀에겐 상처였기 때문이다. 그런데 이런 경험은 다른 아이들에게도 많았던 모양이다. 아이들은 소녀의 글에 공감한다며 어서 노래로 나왔으면 좋겠다고 했다. 노래가 나오면 다운받아서 듣겠다며 자기 일처럼 좋아해 줬다. 먼지처럼 존재감이 없던 소녀는 주목받는 것이 어색했지만 함께 기뻐해 주는 반 아이들 모습에 행복감을 느꼈다.

~~~~~

'어떻게 랩신이 나의 글을 보게 된 것일까?'

소동이 가라앉자 소녀는 그것이 궁금했다. 이 궁금증은 얼마 지나지 않아 풀렸다. 소녀에게 춘희가 찾아온 것이다. 춘희는 소녀의 글을 보고 평소 SNS로 친구를 맺은 랩신에게 보냈다고 한다. 그러자 랩신이 너무 맘에 든다며 춘희에게 연락을 했고, 소녀에게 가사로 쓰고 싶다는 연락도 한 것이었다. 이 일을 계기로 콘텐츠 동아리 회원이 다시 한자리에 모였다.

"어머, 어쩜 이런 일이 다 있니?"

세희는 아직도 감정이 가라앉지 않는 듯했다.

"우리에게 어떤 일이 일어날지는 누구도 모르는 거죠. 이번 일은 시작에 불과할지도 몰라요. 제가 팬픽을 처음 쓰기 시작했을 때도 그랬거든요."

춘희가 담담하게 말했다. 아이들은 이참에 춘희가 어떻게 팬픽을 쓰게 되었는지 자세히 들어보기로 했다.

"팬픽을 쓰게 된 건 아주 우연이었어요. 중학교에 들어가고 저는 사춘기를 좀 심하게 겪었어요. 집도 학교도 다 싫어서 가출을 하기로 마음먹었지요. 그런데 집을 나서니 갈 곳이 마땅치 않았어요. 집을 나가면 살 것 같았는데 오히려 막막하더라고요. 그래도 집에 들어가기는 싫어서 한참을 걷다가 한 아파트 단지로 들어갔어요. 너무 많이 걸었는지 다리가 아파서 단지 구석의 벤치에 가서 앉았지요. 그곳에서 해가 질 때까지 음악을 들으며 앉아 있었어요. 그런데 어떤 아저씨가 오더니 말을 걸더라고요. 저는 귀찮아서 이어폰을 고쳐 끼고, 돌아앉아 버렸어요. 말하기 귀찮다는 티를 팍팍

낸 거죠. 그런데 그 아저씨는 눈치가 없는 건지 계속 말을 거는 거예요. 그러더니 다짜고짜 가출한 거냐고 묻더군요. 저는 어떻게 알았나 싶어 깜짝 놀랐어요. 그때만 해도 너무 순진했지요. 그러자 아저씨는 저를 붙잡고 여러 이야기를 들려주셨어요. 처음에는 잔소리하는 거 같아 짜증이 났는데 듣고 있자니 점점 재미있더라고요. 아저씨의 말투나 행색이 딱히 어른 노릇 할 거 같지도 않아 부담도 없었고요. 저도 제 이야기를 늘어놓다가 좋아하는 스타의 이야기를 했고, 아저씨는 제게 이야기하는 재주가 있다며 팬픽을 써 보는 게 어떠냐고 했어요. 저는 심심풀이 삼아 그때부터 팬픽을 썼고, 시간이 지날수록 제 글을 보는 사람들이 늘어나는 거예요. 그게 하도 재미있어서 저는 팬픽 쓰는 데 더 열중했어요. 그러다 보니 가출에 대한 생각은 제 머리 속에서 완전히 사라지더라고요."

춘희는 다시 한 번 침을 꼴깍 삼키고 말을 이었다.

"팬픽을 쓰면서 제겐 많은 것이 변했어요. 글을 쓰는 것에 더 관심이 생겼고, 제 팬픽을 보고 연락해 온 출판사도 있었어요. 그리고 팬픽을 쓰면서 친구의 폭이 아주 넓어졌어요. 스타의 팬들이 다양하듯이 스타의 팬픽을 읽는 사람도 다양해서 저도 다양한 사람들과 친구가 되었어요. 엄마보다 나이가 많은 아주머니와도 카톡을 하고요. 초등학생 친구들과도 톡을 하지요. 물론 또래 친구들이 가장 부러워하는 건 스타와 소통한다는 거예요. 팬픽은 팬들

뿐 아니라 스타도 관심 있게 보거든요."

춘희의 이야기를 듣고 있자니 사람들에게 콘텐츠를 제공하면서 춘희도 힘을 얻고 있다는 걸 알 수 있었다. 아이들은 소녀와 랩신 사건에 이어 춘희의 이야기를 통해서 콘텐츠의 다양한 힘을 느낄 수 있었다. 그런데 이때 춘희의 이야기를 유심히 듣던 화주가 물었다.

"그때 갔던 아파트가 혹시 파란새 아파트 아니었니?"

화주의 물음에 춘희가 어떻게 알았느냐며 놀랐다. 그 말에 세희도 은아도, 수현이와 소녀도 놀랐다. 화주가 소녀를 쳐다봤고, 세희와 은아, 수현이가 서로를 바라봤다.

"내게도 가출 이야기를 했던 아저씨가 있었는데 그 아저씨를 만난 곳이 파란새 아파트였어."

화주에 이어 세희가 말했다.

"춘희가 부른 〈텔레비전에 내가 나왔으면 정말 좋겠네〉 노래를 그 아저씨도 불렀어."

그리고 다시 수현이가 말했다.

"춘희에게 들었던 익숙한 것을 새롭게 만들어야 한다는 이야기를 나중에 그 아저씨에게도 들었지."

화주와 세희, 수현이의 말에 이번에는 춘희가 어리둥절한 표정이 되었다.

"어, 그럼 언니들도 그 교수님 알아요?"

"교수님?"

교수라는 말에 아이들이 놀라 물었다. 가장 많이 놀란 것은 소녀였다. 구리고 구리던 그 첫인상 어디에 교수의 흔적이 있단 말인가. 이 사이에 낀 빨간 고춧가루 좌표를 분명히 보았는데 어디에 지식인의 흔적이 담겨 있단 말인가.

"제가 만난 그 아저씨는 알고 보니 대학 교수였어요. 물론 저도 나중에야 알았지만요."

춘희의 설명에 의하면 아저씨는 글도 쓰고, 강의도 하는 대학 교수라고 했다. 대학 교수에겐 연구를 위한 안식년이 주어지는데 아마도 요즘이 그때인 것 같다고 말했다. 춘희의 말을 듣고 보니 소녀는 그동안 아저씨가 한 말에 나름대로 일관성이 있다고 생각했다. 교수로서 공자처럼 학문을 후세에 남기고 싶었을 것이고, 안식년이었으니 백수인 것도 틀리지는 않았다.

"우와, 그럼 이제 만나면 교수님이라고 불러야겠네."

세희의 말에 춘희가 손을 내저었다.

"그런 거 아주 싫어해요. 그냥 지금처럼 편하게 해요. 그리고 우리가 아저씨에 대해 아는 걸 숨기는 것도 재미있을 거 같아요. 아저씨는 우리가 모른다고 생각하지만 우리는 알고 있는 거지요. 그래야 공평하지 않겠어요?"

"일부러는 아니지만 아저씨는 우리에게 정체를 밝히지 않았으니, 우리도 아저씨가 교수란 걸 알지만 모르는 척 속이자는 거지?"

춘희의 말을 화주가 정리했다.

"그거 참 공평해서 좋네."

수현이를 비롯한 모든 아이들이 좋다고 했다. 그래서 아저씨는 변함없이 아저씨가 되었다.

그날 오후 아이들은 춘희까지 데리고 아저씨를 찾아갔다. 여섯 명의 아이들이 우르르 찾아오자 아저씨는 놀란 얼굴이 되었다. 그리고 그동안 아저씨와 춘희의 이야기가 겹쳐서 이상했다고 말하자 껄껄 웃음을 터트렸다.

"하하, 이런 경우 막장이라면 여기에서 춘희는 잃어버린 나의 조카이거나 내가 고등학교 때 실수를 해서 낳고 떠나보냈던 친딸 정도 돼야 재미있을 텐데. 우리 사이에 그렇게 극적인 스토리는 존재하지 않아서 좀 싱거웠겠는데. 아무튼 이렇게 만나게 되어서 좋구나."

아저씨의 말에 아이들도 따라 웃었다. 그런데 오늘 아저씨가 놀랄 일은 또 있었다. 소녀의 글이 랩신 노래에 가사로 쓰이기로 한 것 말이다. 아이들은 신이 나서 그 일을 떠들었고, 아저씨는 이야기를 듣고 정말 잘되었다며 기뻐했다. 아저씨는 춘희처럼 소녀에게도 마음 붙일 일이 생기겠구나 생각했다. 그리고 계속 그런 일이 이어지게 하려면 가만히 있을 수 없었다.

"이참에 혹시의 콘텐츠에 왜 랩신이며 사람들이 '좋아요'를 누르는지 한번 생각해 보면 어떨까? 너희가 콘텐츠 만드는 데 도움이 될 것 같은데."

아저씨의 말에 아이들이 좋다며 대답했다.

"우선 너희는 혹시의 글 '선생님 바꿔 주세요'에서 어떤 점이 좋았니?"

"저는 어쩜 저런 생각을 했나 깜짝 놀랐어요. 사실 마음속에 비슷한 생각을 하긴 하지만 선생님을 바꿔 달라는 생각은 못 하잖아요."

"저는 우리 마음을 잘 표현해 줘서 좋았어요. 딱 공감이 되더라고요."

"저는 공감되는 내용에다가 귀에 딱딱 꽂히는 리듬감이 있어서 더 좋던데요. 아마 랩신도 그런 점 때문에 랩으로 만들겠다고 한 거 아닐까요?"

아이들은 저마다의 느낌을 이야기했다. 아이들의 이야기 속에 아저씨는 공통점이 있다고 했다.

"공통점? 우리는 다 다른 말을 한 거 같은데 공통된 이야기를 했다고요?"

수현이가 의아해하며 물었다.

"너희는 모두 이 글에 공감한다는 이야기를 했어. 마음속에 비슷한 생각을 했다고 했고, 우리 맘을 잘 표현해 줬다고 했고, 공감되는 내용이라고 했잖아."

아저씨의 말에 아이들 입에서 이제 알았다는 듯 '아' 하는 탄성이 나왔다.

"공감은 사람들에게 위로를 주지. 같은 감정을 느낀다는 것만으로 사람은 위로를 받거든. 너무 힘들어 울고 싶을 때, '네가 너무 힘들겠구나' 하고 누군가 말해 줬을 때 갑자기 눈물이 툭 쏟아진 적 있지?"

아이들은 정말 그렇다며 고개를 끄덕였다.

"어떤 음악은 들으면 눈물이 날 때가 있어. 그건 음악이 마음에 와 닿았기 때문이야. 음악에서 같은 감정을 느끼는 거지."

아저씨의 말에 세희가 정말 그런 적이 있다고 말했다.

"노래 가사에서 위로 받을 때가 정말 많아요. 그런 노래는 저의 뮤직 리스트에 바로 올리지요."

"맞아, 너희가 찾아보는 콘텐츠들 중에는 위로를 주었던 노래에서부터 너희의 감정을 움직이는 것들이 많을 거야. 울고, 웃고,

재미있게 해 주는 것들이지."

"그럼, 콘텐츠를 만들 때 사람의 마음을 움직일 수 있는 것이 무엇일지 고민해야겠네요?"

"그래, 간혹 사람들의 호기심만 자극하는 콘텐츠들이 있기는 하지만 너희가 만들려는 콘텐츠는 사람의 마음을 움직이는 것들이면 좋겠어. 그게 콘텐츠의 의미이고 기계가 할 수 없는 인간의 영역이 될 테니까."

"갑자기 전에 봤던 광고가 떠오르는데요."

"광고?"

광고가 연상된다는 화주를 아저씨와 아이들이 바라봤다.

"보험 광고였던 거 같은데 가족이 서로를 걱정하고 아끼는 모습을 보면서 로봇이 '마음'이라는 것에 놀라워하잖아요. 마음이 없는 로봇이 보기에는 도저히 이해하기 힘든 것이었던 거죠. 그리고 '마음이 합니다'는 말이 나오지요. 마음이 하는 거라 더 잘할 거라는 의미로요."

화주의 말에 모두 그 광고를 본 적이 있다고 했다.

"그래, 콘텐츠에는 마음을 움직이는 힘이 있지. 마음은 어쩌면 우리 사회를 지배하는 전부였는지도 몰라. 인간은 이성적으로 행동한다고 하지만 어느 순간에도 감성이 간섭하지 않는 때가 없을 거야. 이성적으로 설득하고 더불어 감성을 건드리면 어마어마한 일이 일어나게 되곤 하지."

전부터 아저씨를 보아 온 소녀는 아저씨가 다시 새로운 이야기를 시작하고 있다는 걸 느낄 수 있었다.

"예전에 끔찍한 사고가 있었어. 길을 가던 중학생 소녀 두 명이 미군 장갑차에 치여 목숨을 잃었지.* 길이 좁았네, 중요한 작전 중이었네 말들이 많았지만 그 사건은 어떤 변명도 통할 수 없이 잘못된 일이었지. 사람들은 분노했어. 하지만 거대한 권력인 미군에 맞서기에는 엄두가 나지 않는 듯 세상은 조용했고, 정부도 침묵했지. 이때 인터넷 커뮤니티에 이런 글이 올라왔어."

> 죽은 이의 영혼은 반딧불이 된다고 합니다.
> 촛불을 준비해 주십시오.
> 저 혼자라도 시작하겠습니다.

"짧은 이 글은 사람들 속으로 퍼져 갔고 주말 밤 사람들은 손에 작은 촛불을 들고 광장으로 모여들기 시작했어. 미군에 의해 억울

🕯 2002년 당시 중학교 2학년이던 신효순·심미선 양이 미군이 모는 장갑차에 치여 숨을 거둔 사건이다. 두 소녀는 친구의 생일 파티에 가기 위해 도로 옆 갓길을 따라 걷고 있었는데 훈련을 마치고 복귀하던 주한 미군의 차량이 둘을 덮치고 말았다. 그해 이 사건은 결국 무죄 판결이 내려졌고 분노한 국민들은 광화문 광장에 촛불을 들고 집회를 시작했다.

하게 죽은 소녀들을 위로하고 이 일에 대한 제대로 된 사과와 처벌을 촉구하기 위해서였어. 광장에는 정말 많은 사람들이 모였어."

"진실한 마음을 담은 몇 마디가 큰 울림이 되었네요."

화주의 말에 아저씨는 고개를 끄덕였다.

"인터넷 포털을 보면 '스토리 펀딩'*이라는 것이 있어. 너희도 본 적이 있을 거야. 사람들이 스토리 펀딩에 올라온 글을 보고 후원을 하는 건데 자신을 망한 변호사라고 소개한 박준영 변호사는 잘못된 수사와 재판으로 억울하게 누명을 쓴 사람을 변호하고 있다는 글을 스토리 펀딩에 올렸어. 박 변호사는 공익 변호를 위해 의뢰인에게 돈을 받지 않고 변호를 하고 있었고, 그 사이 사정은 점점 나빠져 사무실도 접어야 할 판이었거든. 그런데 글이 소개된 지 사흘 만에 1억 원이 넘는 돈이 모인 거야. 시민들은 우리 사회의 정의를 위해 기꺼이 후원금을 보냈지. 그 결과 박 변호사는 억울하게 죄를 뒤집어 쓴 재판을 바로잡았단다. 이것이 바로 영화 〈재심〉의 실제 이야기야."

"아, 〈재심〉이요? 저 그 영화 봤어요."

세희가 깜짝 놀라며 말했다. 자신이 본 영화에 이런 스토리가

---

* 포털 사이트 다음의 콘텐츠 창작자 후원 플랫폼으로 2014년 시작되었다. 자금이 부족하거나 없는 사람들이 프로젝트를 인터넷에 공개하고 목표 금액과 모금 기간을 정하여 익명의 다수(crowd)에게 투자를 받는 클라우드 펀딩 방식으로, 어떤 제품보다는 그 속에 담겨 있는 이야기를 보여주는 데 초점을 둔다.

있었다는 것이 신기했던 거다.

"스토리 펀딩의 콘텐츠가 개인의 억울함을 풀어 주었고, 우리 사회의 문제점을 조명했으며, 영화라는 또 다른 콘텐츠로 탄생된 거네요."

"혹시가 상황을 아주 잘 정리했구나. 맞아, 모두 마음을 움직인 콘텐츠에서 시작된 일들이지. 일부 크리에이터들은 콘텐츠를 만들어 '실종된 어린이 찾기'에 사람들의 마음을 모으기도 해."

"어떻게요?"

"인기 있는 크리에이터의 콘텐츠는 많은 사람들이 보잖아. 이때 콘텐츠 영상 한쪽에 실종 아동의 사진을 싣고 제보를 해 달라고 하는 거야."

"아이를 찾는다는 전단지를 받아 본 적이 있는데 유명 크리에이터의 영상에 실리면 빠른 시간에 많은 사람에게 알릴 수 있겠네요."

아이들은 좋은 생각이라고 입을 모았다.

"이건 크리에이터들이 벌이는 '위럽유(weloveyou) 캠페인'*으로

샌드박스 소속 크리에이터들이 JTBC 〈이규연의 스포트라이트〉 팀과 진행하는 '위럽유 캠페인'은 유튜브의 확산력을 이용하여 유명 유튜버들이 릴레이로 참가하며 장기 실종 아동을 찾는 캠페인이다. 참여하는 크리에이터들은 본인의 콘텐츠를 통해 실종 아동에 대한 정보를 지속적으로 시청자들에게 전달하는 방식이다. 참가한 크리에이터가 캠페인에 동참할 다른 크리에이터를 지목하여 릴레이로 진행되며, 캠페인을 본 시청자들은 제보를 통해 참여할 수 있다.

실종 아동이 부모의 품으로 돌아가기를 기원하는 마음을 모으는 일이야. 결국 콘텐츠가 가진 힘으로 세상에 선한 영향력을 미치는 것이라고 할 수 있지."

"와, 정말 멋지네요. 저도 그런 일을 하는 크리에이터가 되고 싶어요."

은아가 정말 감동을 받았는지 기도하듯 두 손을 맞잡으며 말했다. 아저씨는 그 모습을 흐뭇하게 바라봤다. 그리고 두 번째 이야기를 시작했다.

"요즘 콘텐츠 중에는 '진짜'를 담은 것이 많아."

"진짜요?"

"응, 진짜. 방송을 보면 리얼리티 프로그램이 많지? 리얼리티는 진짜이기 때문에 감동과 재미도 크지. 간혹 리얼리티인 줄 알고 봤는데 인위적으로 꾸민 것이 드러나는 경우, 대중은 방송에 싸늘한 시선을 보내. 진심이 아닌 것, 진실이 아닌 거짓에 분노하는 거야. 진심과 진실만큼 사람의 마음을 움직이는 것은 없으니 콘텐츠를 만들 때 너희의 진심을 담기를 바라. 혹시의 글에서도 혹시가 느낀 진짜 감정이 담겨서 호응이 있었던 것처럼 말이야."

아저씨는 두 가지로 구분하여 말했지만 결국에는 모두 자기 자신의 이야기에 집중하라는 이야기였다. 그러다 보면 진심이 담겨 사람들의 감성을 자극하는 콘텐츠가 될 것이기에.

~~~~~~~

　집에 돌아온 소녀는 자신의 글에 달린 댓글들을 다시 한번 살펴봤다. 학교에서 이미 다 본 것들이었지만 다시 보고 싶었다. 댓글에는 공감한다는 내용이 많았다. 소녀는 혼자만 외롭고 억울한 것처럼 느꼈는데 이렇게 공감하는 사람이 많은 것을 보고 그동안 너무 엄살을 부리며 산 건 아닌가 싶었다. 이번 기회에 소녀는 조금 더 자신을 드러내서 사람들과 소통해 보기로 했다.

　소녀는 지난 주말 엄마와 함께 했던 시간을 떠올려 보았다. '아무 것도 아니다'는 말이 좋다고 거듭 말하던 엄마. 그리고 작고 여린 여자가 어마어마한 힘을 가진 동화 같은 드라마에 열광하는 엄마. 엄마는 왜 그렇게 강한 힘을 간절히 원했던 걸까? 왜 그렇게 밤길을 두려워했던 걸까? 소녀는 엄마의 마음을 가만히 생각해 봤다. 그건 엄마를 꼭 닮은 자신의 마음을 들여다보는 일이기도 했다.

　나는 겁이 많지. 겁이 많아서 어두워지면 무서워했고, 밤길을 걸을 때 지나치는 사람에게 긴장했어. 누가 뭐라고 하면 억울해도 맞서지 못하지. 특히 어른 앞에서는 더 긴장이 돼. 사람들이 집안 사정을 아는 것은 정말 싫어. 나를 멋대로 평가할까 봐 두려웠기 때문이지. 그래서 나는 더 외로워

질 수밖에 없었어. 나는 절망감에 빠져 살았어. 나는 왜 이렇게 무섭고, 두려워 움츠러들고, 외로운 마음으로 절망한 걸까? 이 감정의 정체는 무엇일까?

소녀는 오랫동안 자신을 들여다봤다. 들여다보고, 들여다보니 소녀는 여성이었고, 나이 어린 청소년이었으며, 아빠가 없는 한부모 가정에서 자란 가난한 사람이었다. 소녀는 먼저 자기가 겁이 많은 건 세상이 소녀에게 그리 안전하지 않았기 때문이 아닐까 하는 의심이 들었다. 소녀는 우리나라 여성의 삶에 대해 알아보았다.

여성의 삶에 대한 통계 자료*를 보면 우리나라 여성의 사회 활동은 점점 늘어나고는 있었다. 하지만 여전히 여성 관리자의 비율은 남성에 비해 많이 낮았다. 여성은 경력을 쌓으며 직장 생활을 하기 어려웠고, 한다고 해도 여성의 승진이 남성보다 어려웠다. 이것은 고스란히 임금 차이로 나타났다. 여성의 평균 임금은 남성의 67퍼센트에 불과했다. 또 같은 일을 해도 여성이 남성보다 적게 받는 경우가 허다했다.

가장 충격적인 것은 여성을 대상으로 하는 범죄율이었다. 2011년 기준으로 조사한 통계에 따르면 살인, 강도, 방화, 강간 등

🦯 해마다 통계청에서 발표하는 '통계로 보는 여성의 삶'의 지표로, 2018년 내용과 2013년 발표 내용을 참고하였다.

강력범죄에서 여성 피해자의 비율은 85.6퍼센트나 됐다. 피해를 당하는 사람이 100명이라면 85명이 여성인 셈이었다. 실제 폭행 사건에 연루되는 것은 남성이 많은데도 죽고 다치는 사람은 대부분 여성이었다. 이 사회에서 여성이 얼마나 불안하게 살고 있는지 보여 주는 대목이었다. 통계 결과를 본 소녀는 막연한 두려움의 실체가 무엇이었는지 알 수 있었다. 소녀는 SNS에 글을 올렸다. 글은 '혹시, 나만 무섭니?'라며 시작하였다. 소녀는 자신이 느끼는 공포를 고백하고 그 실체가 무엇이었는지 담담하게 글에 담았다.

두 번째로 올린 글의 시작은 '혹시, 나만 불편했니?'였다. 소녀는 어른이 늘 불편하게 느껴졌다. 얼마 전 쓴 '선생님 바꿔 주세요'에도 언급했지만 선생님으로 대표되는 어른들을 향한 불편함과 거부감의 실체는 무엇이었을까? 소녀는 고민했다. 고민의 결과는 청소년 인권이었다.

사람이 인권을 고민한 역사는 그리 길지 않다. 1948년 유엔에서 세계 인권 선언문이 발표되며 공식적으로 누구나 사람이라면 침해할 수 없는 인권이 있음이 만천하에 선언되었지만 여전히 인권 문제는 남아 있다. 그중 여성의 인권 문제, 아동·청소년의 인권 문제는 더 심각하다. 소녀는 여성이면서 청소년이었기 때문에 인권 취약 계층에 속했다. 어리다는 것을 약점 삼아 어른들은 청소년의 인권을 침해했다. 소녀의 눈에 자주 띈 것은 청소년 노동

력의 착취였다. 아르바이트하는 학생들은 어른들의 착취에 부당함을 느끼는 경우가 많다. 돈을 벌기 위한 일이 아닐 때도 마찬가지다. 자원봉사를 가도 일부 단체의 어른들은 청소년들을 함부로 대하며 일을 시켰다. 소녀는 어른들의 이런 행동 때문에 청소년들이 어른을 불편해하는 것이며, 이것은 청소년 인권에 대한 낮은 인식 때문에 생기는 일이라고 썼다.

세 번째 글은 '혹시, 나만 외로웠니?'로 시작했다. 소녀는 언제부턴가 한부모 가정이라는 것이 밝혀질까 봐 친구를 집에 데리고 오는 것이 싫었다. 당연히 엄마, 아빠와 살 거라고 생각하는 일부 사람들은 소녀를 색안경 끼고 봤다. 엄청난 사연이 있을 거야, 너무 불쌍해, 버릇이 없는 거 아닐까 등 자신도 모르는 사이 이상하게 취급당하는 건 참기 힘든 일이었다. 소녀는 그들 사이에서 외로워졌다. 소녀가 느끼는 외로움의 원인은 그들이 가진 편견 때문이었다.

다음으로 소녀는 가난의 문제를 글로 썼다. '혹시, 나만 절망하는 거니?'로 시작했다. 옛말에 '개천에서 용 났다'는 말이 있다. 보잘것없는 개천에서 영험한 동물의 상징인 용이 나왔다는 건 가난한 집안에서 출세한 사람이 나왔을 때 하는 말이었다. 그러나 이 말은 오늘날에는 쓸모없는 말이 돼 버렸다. 경제적 능력이 뒷받침되지 않는 상황에서 출세하기란 하늘의 별 따기가 된 것이다. 부모가 가난하면 좋은 대학에 들어가기도 힘들고, 대학을 나와 출세를 하려고 해도 부자들이 누리는 그들만의 리그에 들어가기가 힘들다. 흔히 말하는 금수저와 흙수저는 괜한 풍자가 아니었다.

미국은 상위 5퍼센트의 부자가 전체 자산의 62.5퍼센트를 차지한다고 한다. 이것을 더 세분화하면 미국의 최상위 0.01퍼센트의 부자가 전체 자산의 22퍼센트를 소유한다니, 부의 쏠림 현상은 놀라울 정도다. 이것은 미국의 이야기만이 아니다. 우리나라 부자 상위 1퍼센트가 가진 돈은 1,300만 명의 재산과 같다고 한다. 나날이 심해지는 부의 양극화는 소시민의 절망감만 키웠다. 소녀의 절망 이유가 바로 여기에 있었던 것이다.

소녀는 여성으로, 청소년으로, 한부모 가정으로, 가난한 사람으로 느끼는 두려움을 글에 담았다. '혹시 생각'이라는 제목을 달고 하나씩 SNS에 글을 올릴 때마다 소녀의 SNS 친구 수는 늘었고, 댓글도 많아졌다. 그리고 그 댓글 중에는 소녀를 꼭 한번 만나고 싶다는 사람이 있었고, 어떤 잡지사에서는 인터뷰 요청을 해 왔다. 유명한 사람만 인터뷰를 하는 거라고 생각했는데 소녀는 어리둥절했다. 얼마 후에는 한 만화 작가가 연락을 해 왔다. 소녀의 이야기를 만화로 만들어 보자는 제안이었다. 소녀의 콘텐츠가 다른 콘텐츠로 확대되는 셈이었다. 소녀의 SNS에 글을 남기는 사람은 우리나라 사람만이 아니었다. 누가 소녀의 글을 번역하여 SNS에 올렸는지 외국 사람들도 소녀를 응원하는 글을 보내 왔다. 콘텐츠의 영향력과 전파력이 얼마나 큰 것인지 실감하는 순간이었다. 소녀는 먼지처럼 작은 존재였던 자신이 달라지고 있음을 느꼈다.

그리고 그 사이 소녀의 글을 담은 랩신의 신곡이 곧 발표된다는 기사가 나왔다. 곡 소개에 작사가로 랩신과 혹시의 이름이 나란히 쓰여 있었다. 소녀는 화면에 나온 자기 이름을 보고 또 봐도 신기했다. 그건 친구들도 마찬가지라서 화주는 그 화면을 캡처해서 자신의 SNS에 올렸다. 소녀의 작사가 데뷔는 온 학교에 소문이 났고, 쉬는 시간이면 소녀의 얼굴을 보겠다며 교실을 기웃거리는 아이들까지 생겼다.

〰〰

드디어 랩신의 신곡이 발표되는 날이다. 랩신은 신곡 홍보를 위해 한 라디오 프로그램에 나오기로 되어 있었다. 아이들은 그 라디오를 꼭 들으리라 다짐했다. 역사적인 순간을 수업 때문에 놓칠 수는 없었다. 수업 중이었지만 화주를 비롯한 반 아이들 대부분이 라디오를 들으려고 귀에 이어폰을 꽂았다. 이어폰을 꽂지 않은 아이는 머리칼이 짧은 아이들뿐이었다. 짧은 머리로는 이어폰을 가릴 수 없기 때문이다. 아이들은 서로 눈빛을 주고받으며 랩신이 라디오에서 어떤 이야기를 할지 기다렸다.

"어떻게 이런 곡을 만들게 되었나요? 사회적으로 큰 이슈가 되고 있어요."

라디오 진행자가 물었다.

"한 소녀의 글에서 시작됐어요."

"소녀의 글이요?"

진행자의 계속되는 물음에 랩신은 소녀의 학교와 이름을 대며 곡에 대해 설명했다.

"혹시라는 소녀가 아니었으면 만들지 못했을 곡입니다. 그 소녀가 바라보는 세상은 아주 생생하고 섬세해요. 그래서 앞으로도 혹시가 쓴 글로 곡 작업을 해 볼 생각이에요. 물론 혹시가 허락한다면 말이에요."

그 순간 조용하던 교실에 '와!', '까악!' 하는 탄성이 여기저기에서 터져 나왔다. 수업을 하고 있던 선생님은 깜짝 놀라 눈이 동그래졌다. 조용히 수업을 듣는 줄 알았던 아이들이 갑자기 소리를 지르니 놀라는 게 당연했다. 아이들은 선생님께 혼날 것은 생각하지 못하고 떠들어 대기 시작했다.

"랩신이 혹시 덕분에 곡을 썼대."

"어머, 혹시랑 또 곡 작업을 하고 싶대!"

"까악! 혹시의 허락을 받고 싶다잖아."

세희와 은아는 손을 맞잡고 펄쩍펄쩍 뛰기까지 했다.

"야, 너희 뭐야!"

소란스럽게 떠드는 아이들을 향해 선생님이 소리를 쳤지만 아이들의 흥분은 가라앉지 않았다. 그러는 사이 화주는 자기가 듣고 있던 이어폰을 선생님 귀에 꽂아 주며 상황을 설명했다. 그러자 선생님도 어쩔 수 없다는 듯이 웃었다.

소녀는 모든 일이 얼떨떨하고 기뻤다. 몸속부터 새어 나오듯 자꾸 피식피식 웃음이 나오는 걸 입술에 힘을 주며 참았다. 그럴수록 얼굴이 달아올랐다.

소녀는 랩신의 노래를 하루에 수십 번씩 들었다. 그래서 이어폰을 늘 꽂고 살다시피 했다. 그런 소녀를 향해 아저씨가 요란한 몸짓으로 손을 흔들었다. 아무리 불러도 듣지 못하니 눈에 띄도록 마구 손을 흔들어 댄 것이다. 소녀는 아저씨를 보고 달려갔다. 아저씨에게 랩신의 이야기를 들려 주고 싶었기 때문이다.

"혹시, 너 대단하던데."

아저씨는 벌써 알고 있는지 소녀를 향해 양쪽 엄지손가락을 들고 흔들었다. 소녀는 수줍게 웃었다.

"아저씨 말이 맞았어요."

"내 말이?"

아저씨는 소녀가 무슨 말을 하는 것인지 몰랐다.

"전에 아저씨가 그랬어요. 어떤 일이든 좋기만 하거나 나쁘기만 한 일은 없다고. 그래서 무슨 일이 일어나도 살 수 있는 거라고. 난 그 말을 들었을 때 힘들어 본 적 없는 사람이 쉽게 하는 말이 아닐까 의심했어요. 그래도 속은 셈 치고 한번 믿어 보자 했지요. 그런데 그 말이 정말 맞았어요. 제 어려운 처지가 콘텐츠가 되었잖아요. 환경이 달랐다면 저의 이야기는 지금의 콘텐츠가 될 수 없었을 거예요."

소녀의 말에 아저씨는 지금까지 본 적 없는 환한 웃음을 보였다. 그 웃음을 보고 소녀도 따라 웃었다.

내 이름은 혹시. 나혹시.

서양식으로 하면 혹시나.

나와 같은 생각을 하는 사람 혹시 있나요?

나와 같은 마음을 느낀 사람 혹시 있나요?

혹시 하며 희망을 놓지 않고.

혹시 하며 꿈을 꾸는.

혹시라는 가능성의 존재.

세상을 흔들어라
콘텐츠의 힘!

ⓒ 김경선, 2019

초판 1쇄 발행일 2019년 4월 29일
초판 2쇄 발행일 2021년 10월 15일

지은이   김경선
펴낸이   정은영
편집   최성휘
마케팅   최금순 오세미 김하은
제작   홍동근

펴낸곳   (주)자음과모음
출판등록   2001년 11월 28일 제2001-000259호
주소   10881 경기도 파주시 회동길 325-20
전화   편집부 (02)324-2347, 경영지원부 (02)325-6047
팩스   편집부 (02)324-2348, 경영지원부 (02)2648-1311
이메일   jamoteen@jamobook.com

ISBN 978-89-544-3980-0 (44080)
     978-89-544-3135-4 (set)

이 도서의 국립중앙도서관 출판예정도서목록(CIP)은 서지정보유통지원시스템 홈페이지
(http://seoji.nl.go.kr)와 국가자료공동목록시스템(http://www.nl.go.kr/kolisnet)에서
이용하실 수 있습니다.(CIP제어번호: CIP2019014985)